新能源汽车职业教育理实一体化系列教材

新能源汽车整车控制系统检测与维修

主 编 包丕利
副主编 高 飞

北京理工大学出版社
BEIJING INSTITUTE OF TECHNOLOGY PRESS

内容简介

本书是天津职业技术师范大学汽车职业教育研究所组织编写，教材采用基于工作过程的方法开发。内容以典型工作任务为载体进行组织，主要包括整车控制系统概述、整车控制系统功能测试和整车控制系统故障诊断与修复三个学习情境。每个情境下还包含若干学习单元，每个学习单元以实际工作任务进行导入，理论知识包含共性知识和个性知识，践技能部分以比亚迪 E5 450 为例。

本书适合于开设新能源汽车类专业的职业院校使用，也可以供新能源汽车技术培训机构使用，同时也可作为从事新能源汽车维修等相关行业人员的参考书。

版权专有　侵权必究

图书在版编目（CIP）数据

新能源汽车整车控制系统检测与维修 / 包丕利主编 . —北京：北京理工大学出版社，2020.7（2022.7 重印）

ISBN 978-7-5682-8685-5

Ⅰ.①新… Ⅱ.①包… Ⅲ.①新能源－汽车－控制系统－故障检测－高等职业教育－教材 ②新能源－汽车－控制系统－车辆修理－高等职业教育－教材 Ⅳ.① U469.7

中国版本图书馆 CIP 数据核字（2020）第 123706 号

出版发行 /	北京理工大学出版社有限责任公司
社　　址 /	北京市海淀区中关村南大街5号
邮　　编 /	100081
电　　话 /	（010）68914775（总编室）
	（010）82562903（教材售后服务热线）
	（010）68944723（其他图书服务热线）
网　　址 /	http：//www.bitpress.com.cn
经　　销 /	全国各地新华书店
印　　刷 /	北京佳创奇点彩色印刷有限公司
开　　本 /	787毫米×1092毫米　1/16
印　　张 /	12.5
字　　数 /	293千字
版　　次 /	2020年7月第1版　2022年7月第2次印刷
定　　价 /	44.00元

责任编辑 / 陆世立
文案编辑 / 陆世立
责任校对 / 周瑞红
责任印制 / 边心超

图书出现印装质量问题，请拨打售后服务热线，本社负责调换

编写委员会

编委会顾问

　　吴全全　朱　军　王仁广　王　斌

编委会主任

　　申荣卫

编委会成员（按姓氏拼音排序）

　　包丕利　何泽刚　孔　超　台晓虹
　　徐利强　徐念峰　杨小刚　周　毅

前言

"新能源汽车整车控制系统检测与维修"是针对新能源汽车维修类专业的学生进行新能源汽车机电维修工进行能力培养的一门专业核心课程,主要培养学生利用现代诊断和检测设备进行电动汽车整车控制系统功能测试、故障诊断、故障分析、零部件检测及维修更换等专业能力,同时注重培养学生的社会能力和方法能力。

本教材采用"以行动为导向、基于工作过程"的课程开发方法进行开发,以电动汽车机电维修工诊断和维修电动汽车整车控制系统的典型工作任务为载体,梳理和序化理论知识,根据学生的认知规律设计了相应学习情境和项目。

主要特点如下:以典型工作任务为载体,每个项目都有明确的学习目标;典型工作任务来源于电动汽车机电维修工实际工作岗位,并进行了适当的教学化加工;理论知识按照典型工作任务的需求进行重新序化,理论和实践以典型工作任务为主线进行了有机融合;车型以比亚迪E5450为主,其他主流电动汽车为辅,本书全部内容均在实车上进行了验证;将整车控制系统检测与修复分为三个学习情境:整车控制系统认知、整车控制系统功能测试和整车控制系统故障诊断与修复,整个过程由易到难,符合学生的认知规律。

本书坚持"知行合一、工学结合",设计成新型活页式教材,匹配有活页式任务工单,并配套开发教学设计、教学课件、教学录像等信息化资源。同时为适应"互联网+职业教育"发展需求,运用现代信息技术改进教学方式方法,推进虚拟工厂等网络学习空间建设和普遍应用,作者团队天津职业技术师范大学汽车职业教育研究所,整体开发了包含操作录像、VR资源、教学动画等资源在内的"汽车专业课程及教学资源库平台"专业教学资源库。

本书适合于开设新能源汽车类相关专业的职业院校使用，建议采用理实一体化的教学方式开展教学，也适用于各类培训机构使用。

本书采用"校企双元"模式共同开发，由天津职业技术师范大学包丕利主编，郑州市国防科技学校高飞副主编，芜湖高级职业技术学校王鹤臻及天津职业技术师范大学薛涛、陈云鹏参与编写。

本书在编写过程中得到了天津闻达天下科技有限责任公司提供的资金、设备及技术支持，在此表示衷心的感谢。在编写过程中参考了大量国内外相关著作和文献资料，在此一并向有关作者表示感谢。

由于编者水平有限，难免有错漏之处，敬请读者批评指正。

天津职业技术师范大学汽车职业教育研究所

2019.12.20

目录

学习情境 1　整车控制系统概述···1

任务1　整车控制系统认知··2
一、整车控制系统的组成··2
二、整车控制系统的功能··4
三、整车控制系统的控制策略··6
四、比亚迪E5整车控制系统··9
五、整车控制器···12
六、主控制器的更换··15
七、网关控制器的更换···16

任务2　高压电控总成内部认知··18
一、纯电动汽车的高压配电系统·······································18
二、比亚迪E5高压电控总成···20
三、纯电动汽车的预充电控制··24
四、北汽EV160高压系统认知···25
五、高压电控总成内部线路认知······································29

学习情境 2　整车控制系统功能测试·····································35

任务1　整车状态监测及能量管理···36
一、车辆状态监测与显示··36
二、整车工作模式的判定及上下电控制······························38
三、整车内部能量管理···42
四、放电功能···47
五、北汽EV160的远程控制系统······································48
六、比亚迪云服务···51
七、仪表盘指示功能··53
八、读取数据流和主动测试···55
九、放电测试··57

任务2　整车驱动控制功能测试···59
一、纯电动汽车动力装置的特性·······································59
二、驾驶员意图识别··61
三、驱动控制策略的研究现状··64
四、驾驶模式···65
五、驱动模式分析···66

六、电动汽车驱动装置	68
七、驱动及换挡测试	70
八、跛行模式测试	71
任务3　制动能量回收功能测试	72
一、制动能量回收系统的结构	73
二、制动能量回收系统的工作原理	76
三、整车制动力分配	77
四、典型的再生制动控制策略	78
五、制动能量回收储能装置	83
六、能量回收功能测试	84
任务4　保护功能测试	87
一、电动汽车高压安全要求	88
二、电动汽车高压防护措施	90
三、故障分级处理	93
四、比亚迪E5的高压保护	93
五、比亚迪E5的功能类保护	99
六、北汽高压互锁系统	100
七、高压互锁回路认知及测试	101
八、防溜车测试	103
九、低速提示音认知及设置	104

学习情境3　整车控制系统故障诊断与修复　105

任务1　输入信号故障诊断与检修	106
一、整车控制常见输入参数	106
二、整车控制输入信号异常的诊断方法	113
三、霍尔元器件的原理及应用	115
四、充电连接指示灯亮的诊断与修复	117
五、无法加速故障诊断与修复	119
任务2　输出信号故障诊断与检修	122
一、比亚迪E5输出信号及电路	122
二、吉利EV450输出信号及电路	127
三、北汽EV160输出信号及电路	130
四、案例分析	133
任务3　通信系统故障诊断与检修	139
一、CAN总线技术	140
二、纯电动汽车整车网络拓扑结构	148
三、车载CAN通信系统故障检修	149
四、LIN总线技术	151
五、测量CAN终端电阻及电压	154
六、案例分析	157

参考文献　160

学习情境 1
整车控制系统概述

【学习目标】

(1) 能够正确规范的使用车间和个人防护用具；

(2) 能迅速找到比亚迪 E5 整车控制系统各 ECU 安装位置；

(3) 能够正确进行车辆上下电操作；

(4) 能够正确拆卸网关控制器、主控制器等；

(5) 能够正确认知高压电控总成内部零部件名称及线路连接；

(6) 能够正确检查车辆是否上电正常。

整车控制系统认知

任务导入

一台纯电动汽车的仪表显示多个系统故障,用诊断仪连接后发现任何系统都不能进入。经过诊断,发现网关控制器损坏。请问你知道网关的位置及拆装先后顺序吗?

学习目标

1. 能够迅速找到电池管理系统(Battery Management System,BMS)、电池热管理控制器、网关控制器等的位置;
2. 能够正确拆卸中控台装饰、换挡装饰等内饰;
3. 能够正确拆卸网关控制器;
4. 能够正确拆卸主控制器;
5. 能够正确检查车辆是否上电正常。

理论知识

一、整车控制系统的组成

整车控制系统是电动汽车的神经中枢,负责各系统的数据交换、信息传递、整车状态监测、安全控制、故障诊断、驾驶员意图解析、动力电池能量管理等,对电动汽车的动力性、经济性、安全性和舒适性等有很大影响。

1. 整车控制系统的分层控制

整车控制系统采用分层控制方式:通常整车控制器作为第一层,其他各控制器为第二层,各控制器之间通过CAN网络进行信息交互,共同实现整车的控制功能,如图1-1-1所示。

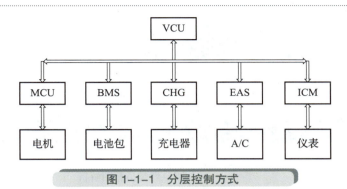

图 1-1-1 分层控制方式

VCU—整车控制器；MCU—电机控制器；BMS—电池管理系统；CHG—车载充电机；EAS—空调压缩机；ICM—仪表控制单元；A/C—空调

2. 整车控制系统的组成

整车控制系统通常由多个控制单元、传感器、控制器及 CAN 通信网络组成。

图 1-1-2 是基于 CAN 总线的整车控制系统，通常包括：动力网（P-CAN）、对应的控制单元（BMS、电机控制器、车载充电机、DC/DC 等）及对应的传感器/控制器，舒适网（V-CAN）、对应的控制单元（组合仪表、空调 ECU、转向 ECU、制动 ECU 等）及对应的传感器/控制器。动力网和舒适网都连接到整车控制器，整车控制器是最上层控制器，负责总体控制、协调各个控制单元工作及信息的统筹管理等。

图 1-1-2 基于 CAN 总线的整车控制系统

二、整车控制系统的功能

整车控制系统的功能见表 1-1-1。

表 1-1-1 整车控制系统的功能

序 号	功 能
1	整车能量优化管理
2	驾驶员意图解析
3	驱动控制
4	制动能量回馈控制
5	充电过程控制
6	车辆状态的实时监测和显示
7	高低压上下电控制
8	故障诊断与处理
9	整车 CAN 通信网络管理
10	电动化辅助系统管理
11	远程控制

1. 整车能量优化管理

整车控制器通过对电机驱动系统、电池管理系统、空调系统、电加热系统等的协调和管理，实现延长动力电池使用寿命、提高整车能量利用效率、提高续驶里程的目的。

2. 驾驶员意图解析

整车控制系统根据加速踏板和制动踏板信号，解析驾驶员的驾驶意图（如加速、减速、制动等），即根据控制策略中相关的计算规则，将驾驶员发出的加速踏板信号和制动踏板信号转化电机的转矩命令直接或通过 CAN 总线传送给电机控制器，控制电机控制器的输出功率。

3. 驱动控制

整车控制器对动力电池信息、驾驶员对车辆的操纵输入（加速踏板信号、制动踏板信号和挡位信号）、车辆运行状态、行驶路况及环境等信息进行分析和处理，向相关部件控制器发出指令，控制电机的运行状态，包括起步、加速、怠速、减速、跛行等。

4. 制动能量回馈控制

当车辆减速或进行制动时，整车控制系统根据当前车辆行驶状态信息和动力电池的状态信息来判断是否进行制动能量回馈控制及能量回馈的强度。

整车控制系统在满足车辆安全性能、制动性能、驾驶员舒适性、动力电池安全性的前提下，进行制动能量回馈，提高整车能量利用效率。驾驶员可根据行驶工况和自身的驾驶习惯等预先选择制动能量回馈强度。

5. 充电过程控制

整车控制系统接收充电信号后（如快充或慢充连接确认信号），配合电池管理系统共同进行充电过程中的充电功率控制；同时禁止放电功能，保证车辆在充电状态下处于行驶锁止状态，并根据电池状态信息限制充电功率，以保护电池。

6. 车辆状态的实时监测和显示

整车控制系统将对车辆的运行状态进行实时监测，并通过原车 CAN 总线将各子系统的状态信息传送给车载信息显示系统，包括显示仪表和中控系统。目的是通知驾驶员车辆目前的状态，或对驾驶员进行相应提醒。

7. 高低压上下电控制

整车控制系统制定上、下电的流程。根据车辆状态及驾驶员的相关操作（制动踏板的动作、起动开关的动作、点火开关的动作等），整车控制系统判断是否要上、下电；如果要上、下电，则执行上、下电流程。

8. 故障诊断与处理

整车控制系统统筹电池、电机、充电、空调、DC/DC、转向、制动等信息，对车辆的状态进行判断、等级分类、报警显示等处理，同时存储故障码，以供维修时查看。如有必要，则通过远程控制系统上报远程控制中心，以备后续使用。

9. 整车 CAN 通信网络管理

整车控制系统连接整个汽车网络，协调动力系统、车身系统、安全系统中各个 ECU 的信息交换及共享。其主要工作是组网、节点管理、信息路由、数据编码及解码等。

10. 电动化辅助系统管理

电动化辅助系统包括电动空调、电控制动系统、电动助力转向系统、辅助动力电池加热系统等。

整车控制系统对电动空调、辅助动力电池加热系统进行能量控制，控制其输出功率，从而保证驱动功率或动力电池的使用寿命；也可以通过电动空调、辅助动力电池加热系统辅助动力电池进行热管理。

整车控制系统可以通过电子驻车系统（Electrical Park Brake, EPB）实现起停控制，还能通过制动真空信号控制电动真空泵的工作。

整车控制系统还要协调电动助力转向（Electric Power Steering，EPS）系统、车身电子稳定程序（Electric Stability Program，ESP）、制动防抱死系统（Antilock Brake System，ABS）工作，保证汽车行驶安全性。

11. 远程控制

目前，大多数电动汽车有远程控制功能，通常包括远程信息查询、远程充电控制、远程空调控制等。用户可以通过收集应用程序实时查询车辆状态，包括电池 SOC 值、续驶里程、空调状态、电池温度等，也可以进行远程充电控制和远程空调控制。汽车厂可以通过远程控制功能收集车辆信息进行常见故障归类，为后续的开发工作节省成本，还可以进行远程软件升级。

三、整车控制系统的控制策略

车辆需要在保证安全的前提下，根据驾驶员意图、汽车的动力性、平顺性、舒适性等要求选择合适的控制策略。根据汽车的运行工况和驾驶员的需求，控制策略要实现能量在电池、电机、DC/DC、电动空调及其他用电设备之间的合理有效分配，使整车效率达到最高，获得最大的经济性、平稳的驾驶性能和良好的舒适性。常见的控制策略有整车能量管理控制、整车驱动控制、制动能量回馈控制和整车保护功能控制等。

1. 整车能量管理控制

整车能量管理控制就是通过对车载能源动力系统的管理，提高整车能量利用效率，延长纯电动汽车的续驶里程，如图 1-1-3 所示。

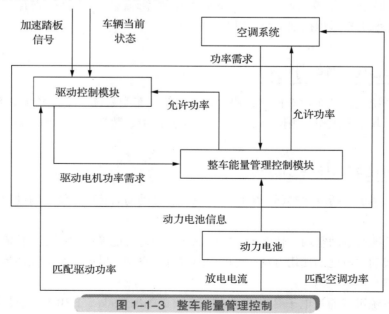

图 1-1-3　整车能量管理控制

整车能量管理控制模块不但控制整车各种工作模式的切换,而且控制着能量流的合理分配。纯电动汽车能量管理控制策略通常采用基于规则的能量管理策略。通常根据电池组的 SOC 进行能量流的分配,当 SOC 取值不同时,控制整车的能量分配,包括是否允许空调运行及是否限制驱动电机功率等。通常为了保证电动汽车的续驶里程,设置一个 SOC 门限值(称为 SOC1),当 SOC 下降到 SOC1 时,禁止空调系统运行(即禁止空调压缩机/PTC 加热器工作);为了保护动力电池,设置一个 SOC 门限值(称为 SOC2),当 SOC 下降到 SOC2 时,驱动电机限功率运行。

2. 整车驱动控制

整车驱动控制策略的核心是根据驾驶员的动作分析其驾驶意图,并综合考虑动力系统状态;计算出驾驶员对电机的期望转矩,然后向电机驱动系统发出指令,使纯电动汽车的行驶状态尽可能快速、准确地响应,从而满足驾驶员的工况要求,如图 1-1-4 所示。

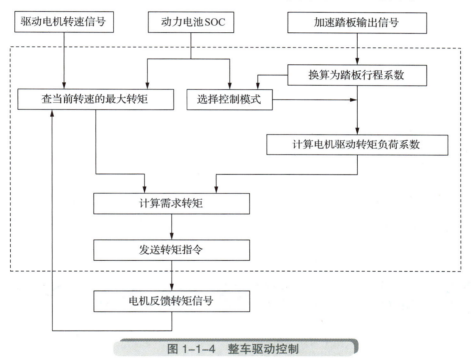

图 1-1-4 整车驱动控制

整车驱动控制策略实时考虑行驶工况、电池 SOC 等影响因素,将转矩合理地分配给电机;同时限定电机的工作区域和 SOC 范围,确保电机和动力电池能够长时间保持高效的状态。如果超出了限定范围,则系统可根据预先设定的规则对电动汽车系统的工作模式进行判定和选择。整车驱动控制策略具有起步控制、加速控制、怠速控制、减速控制及驻坡等驱动功能。

3. 制动能量回馈控制

制动能量回馈即依靠电机的反拖制动,将车辆行驶的动能存储在汽车的储能装置中并加以回收利用。主要采集制动踏板信号、ABS 信号和动力电池信息,以判断是否启用再生制动,再结合驱动电机信息,计算出此刻最大回馈电流,转换成再生制动力矩,然后实施能量回馈。最后,随着各个信号的变化,逐渐修正制动力矩,如图 1-1-5 所示。

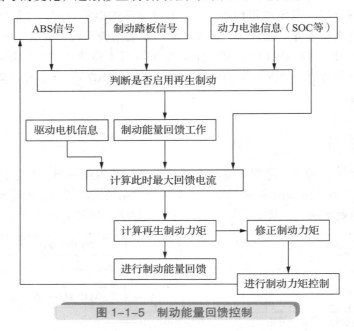

图 1-1-5 制动能量回馈控制

4. 整车保护功能控制

车辆发生故障时,VCU 会实时检测故障,根据故障的等级判定优先级,然后根据车辆的运行状态,发出相应的故障处理指令,如下高压或限功率等。依据《车载诊断标准》(ISO 15765)、《电动汽车用驱动电机系统故障分类及判断》(QC/T 893—2011)(其中描述的驱动电机系统的故障分类见表 1-1-2)和《电动汽车用电池管理系统技术条件》(QC/T 897—2011),对故障进行分级处理。常见的分级处理方式见表 1-1-3。

表 1-1-2 驱动电机系统的故障分类

故障等级	故障类型	故障特征描述
1 级	致命故障	1)危及人身安全; 2)影响行车安全; 3)对周围环境造成严重危害; 4)造成车辆在故障发生地不能行使; 5)主要零部件功能失效; 6)引起整车其他相关主要零部件严重损坏
2 级	严重故障	1)造成车辆不能正常行驶,但可以从发生故障地点移动到路边,等待救援; 2)性能发生较明显的衰退
3 级	一般故障	1)非主要零部件故障,可以从发生故障地点非正常开到停车场; 2)非主要零部件故障,能用易损备件和随车工具在短时间内排除
4 级	轻微故障	1)不需要更换零部件,车辆仍能正常运行; 2)不需要更换零部件,可用随车工具在短时间内排除

表 1-1-3　常见的分级处理方式

故障等级	故障类型	故障应对措施
1 级	严重故障	1) 发送驱动电机停机命令，断开高压系统； 2) 车辆进入保护状态（禁止充电，禁止上高压）
2 级	轻度故障	1) 进入跛行模式； 2) 限功率； 3) 禁止制动能量回收
3 级	一般故障	仪表显示，提示维修

四、比亚迪 E5 整车控制系统

比亚迪 E5 整车控制系统的组成如图 1-1-6 所示。其特点是没有整车控制器，其控制功能主要由网关、VTOG（双向交流逆变式电机控制器）、BMS（动力电池管理系统，由电池管理控制器和电池信息采集器等组成）、电池热管理控制器和主控制器等共同实现。这种架构形式没有明显的分层处理，大多数任务在各 ECU 所属的控制子网内完成，控制的实时性有所加强；对各子网之间的数据交换要求更高。

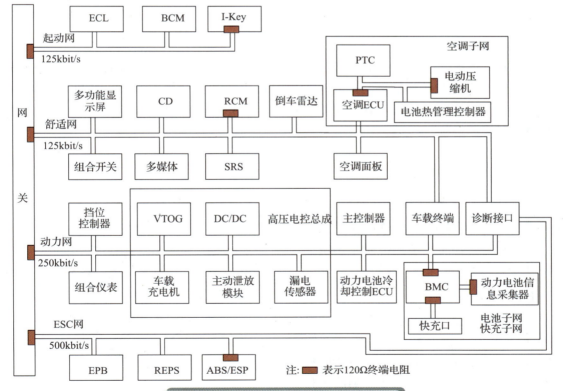

图 1-1-6　比亚迪 E5 整车控制系统的组成

ECL—电子控制线；BCM—车身控制模块；I-Key—智能钥匙 ECU；RCM—继电器控制模块；SRS—安全气囊系统；PTC—空调暖风；VTOG—双向交流逆变式电机控制器；DC/DC—直流电源变换器；BMC—电池管理控制器；EPB—电子驻车 ECU；REPS—齿条式电动助力转向模块；ABS/ESP—制动防抱死系统/车身电子稳定系统

1. 比亚迪 E5 整车控制系统网络

从图 1-1-6 中可以看出，比亚迪 E5 整车控制系统网络由四部分组成：起动网、舒适网、动力网和 ESC 网。

（1）起动网

起动网：用于 E5 汽车的起动控制与信息采集，数据传输速度为 125kbit/s，由 ECL（Electrical Control Line，电子控制线）、BCM（Body Control Module，车身控制模块）和 I-KEY（智能钥匙 ECU）组成。当驾驶员进入驾驶室时由起动网检测到信号，可无钥匙起动整车。

（2）舒适网

舒适网：舒适系统网络，应用于整车多媒体系统，数据传输速度为 125kbit/s，由多功能显示屏、组合开关、CD、多媒体、RCM（Relay Control Module，继电器控制模块）、SRS（Supplement Restraint System，安全气囊系统）、倒车雷达和空调子网（空调 ECU、电动压缩机控制器、PTC 水加热总成控制器）等组成。

（3）动力网

动力网：动力系统网络，数据传输速度为 250kbit/s，属于中速传输网。比亚迪 E5 动力网的 ECU 包括：挡位控制器、组合仪表、VTOG、车载充电机、DC/DC、主动泄放模块、漏电传感器、主控制器、动力电池冷却控制 ECU、车载终端和电池管理模块（BMC、动力电池信息采集器）。

（4）ESC 网

ESC 网：汽车电子稳定控制系统网络，数据传输速度为 500kbit/s，是比亚迪汽车新型的主动安全系统的信息传递网络，属于高速传输网。它由四个模块组成：EPB（Electrical Park Brake，电子驻车制动）模块、REPS（Rack Electric Power Steering，齿条式电动助力转向）模块、ABS/ESP 和诊断口。

2. 网关控制器

比亚迪 E5 网关控制器的位置如图 1-1-7 所示，位于副驾驶室储物箱的后方。

网关控制器用于整车 CAN 通信网络管理，主要有以下 3 个功能。

（1）报文路由

网关控制器具有转发报文的功能，对总线报文状态进行诊断，并将驱动系统 CAN 总线和舒适系统 CAN 总线上的诊断数据转换到车身导线上，以便于车辆测量和诊断仪器处理这些诊断数据。

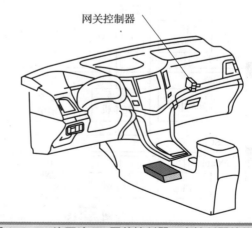

图 1-1-7 比亚迪 E5 网关控制器、主控制器的位置

（2）信号路由

网关控制器实现信号在不同报文间的映射，在驱动系统 CAN 总线与舒适系统 CAN 总线间进行数据交换。

（3）网络管理

网关控制器具有网络状态监测与统计，以及错误处理、休眠唤醒等功能。

3. VTOG

比亚迪 E5 电机控制器类型为双向交流逆变式电机控制器（称为 VTOG），位于高压电控总成内，如图 1-1-8 所示。

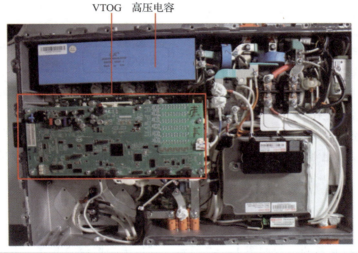

图 1-1-8　位于高压电控总成内双向交流逆变式电机控制器（称为 VTOG）

其主要功能如下。

（1）驱动控制（放电）

电机控制器的驱动控制功能包括：采集加速、制动、挡位、旋变信号等控制电机正向、反向驱动，正、反转发电功能；高压输出电压和电流控制限制功能，电压跌落、过电流、过温、IPM 过温、IGBT 过温保护、功率限制、转矩控制限制等功能；电控系统防盗、能量回馈控制、主动泄放、被动泄放控制。

注：IPM（Intelligent Power Module）是指智能功率模块，把功率开关器件（IGBT）和驱动电路集成在一起，而且内有过电压、过电流和过温等故障检测电路。

（2）充电控制

电机控制器的充电控制功能包括：交、直流转换，双向充、放电控制功能；自动识别单相、三相相序并根据充电电流控制充电方式，根据充电设备识别充电功率，控制充电方式；根据车辆或其他设备请求信号控制车辆对外放电；断电重启功能：在电网断电又供电时，可继续充电。

（3）其他放电功能

另外，电机控制器还具有 VTOG（车辆对电网放电）、VTOL（车辆对用电设备供电）和 VTOV（车辆对车辆充电）功能。

4. BMS 及电池热管理控制器

比亚迪 E5 采用分布式电池管理系统，由 1 个电池管理控制器（BMC）、13 个电池信息采集器（BIC）及 1 套动力电池采样线组成。电池管理控制器安装在高压电控总成上，如图 1-1-9 所示。其主要功能是：接收电池信息采集单元传来的各单体电池的状态，确定整个电池系统的状态，并根据它们的状态对动力电池系统进行对应的控制调整和策略实施，实现对动力电池系统及各单体的充放电管理；接收充电口传来的充电信息，接收通过 CAN 总线传来的钥匙开关、制动踏板等信息，控制高压系统各接触器工作。

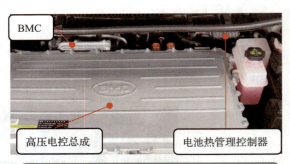

图 1-1-9 BMC 和电池热管理控制器的位置

电池热管理控制器安装在前舱内，如图 1-1-9 所示。其主要功能是：接收动力电池冷却液水温信号，控制动力电池冷却水泵工作，并与空调 ECU 协同控制空调制冷系统给动力电池冷却液降温。

5. 主控制器

比亚迪 E5 主控制器的位置如图 1-1-7 所示，其位于中控台的下方。主控制器直接控制电动真空泵和冷却风扇。主控制器通过对水温传感器的检测，并且参考空调请求状态对冷却风扇和冷凝风扇进行控制，以确保各系统在正常温度下工作。

拓展阅读

五、整车控制器

1. 日产聆风整车控制器

日产聆风（LEAF）是 5 门 5 座纯电动轿车，搭载锂离子电池，续驶里程是 160km。采用 200V 家用交流电，大约需要 8h 即可将电池充满；快速充电需要 10min，可提供其行驶 50km 的用电量。日产聆风 LEAF 的整车控制器原理如图 1-1-10 所示，它接收来自组合仪表的车速传感器和加速踏板位置传感器的电子信号，通过子控制器控制直流电压变换器 DC／DC、车灯、除霜系统、空调、电机、车载发电机、动力电池、太阳能电池、再生制动系统。

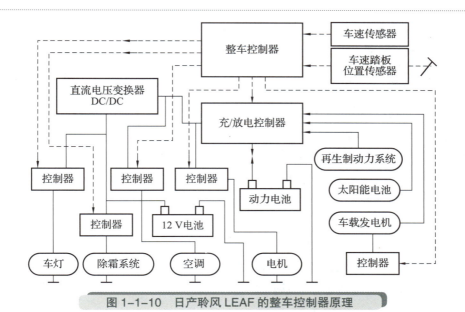

图 1-1-10　日产聆风 LEAF 的整车控制器原理

2. 国内某公司整车控制器介绍

整车控制器是纯电动汽车的核心控制器件,主要功能为采集车辆信息、解析驾驶员意图、控制车辆运行、诊断车辆故障等。其内部实物图如图 1-1-11 所示,整车部件拓扑如图 1-1-12 所示。

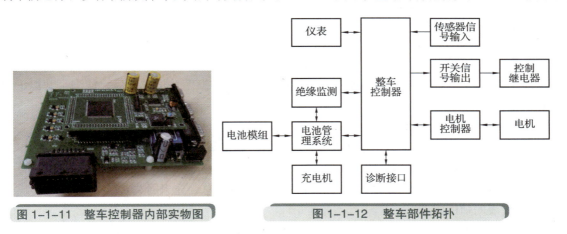

图 1-1-11　整车控制器内部实物图　　　　图 1-1-12　整车部件拓扑

整车控制器性能参数(硬件性能参数)如下。

(1) 工作特性参数

工作电压:9~18V;

功率消耗:≤50W;

储存环境温度:-40℃~+90℃;

工作环境温度:-40℃~+85℃;

工作相对湿度:≤90%,不结露;

指令执行速度:≥20MIPS。

（2）I/O 功能指标

采集加速踏板、制动踏板、KeyOn 信号、挡位信号等，控制车辆部件开关。

6 路模拟电压输入：分辨率 12bit，量程为 0~5V；

2 路模拟电流输入：分辨率 12bit，量程为 0~20mA；

10 路高边数字输出：最大输出电流 2A；

2 路大功率高边数字输出：最大输出电流 11A；

4 路低边数字输出：最大吸收电流 1A；

10 路高边数字输入：逻辑 1 阈值 ≥ 8V；

8 路低边数字输入：逻辑 0 阈值 ≤ 6V；

电路噪声：≤ 10mV。

（3）通信性能

完成与电机控制器、电池管理系统、仪表系统的 CAN 总线通信，波特率达到 250kHz，兼容 J1939 标准。3 路独立 CAN 总线，具有高可扩展性。

（4）可靠性、电磁兼容性方面

防护等级：符合 QC/T 413—2002。

抗震：QC/T 413—2002。

电磁兼容性：GB/T 18655—2018、GB/T 17619—1998、GB/T 21437.2—2008。

耐电压：符合 QC/T 413—2002，具有过电压、过电流、短接、反接保护。

耐盐雾性：24h 盐雾试验后，产品内部干燥、无腐蚀现象，常温正常使用。

温度冲击：电子控制器经 10 个循环（温度范围：-40℃ ~+85℃）。

转换时间：<10 s。

停留时间：-40℃时停留 40 min，90℃时停留 20 min，温度冲击试验后，能满足常温正常使用的要求。

平均无故障时间：>6000 h。

整车控制器完成对车辆各个模块的监控和通信，是整车的"大脑"，其主要功能如下：

1）车辆驾驶：采集驾驶员的驾驶需求，管理车辆动力分配。

2）网络管理：监控通信网络，负责信息调度、信息汇总，充当网关。

3）仪表的辅助驱动。

4）故障诊断处理：诊断传感器、执行器和系统其他部件故障并进行相应的故障处理，按照标准格式存储故障码。

5）在线配置和维护：通过车载标准 CAN 端口，对控制参数进行修改，匹配标定值；功能配置，监控，基于标准接口的调试能力等。

6）能量管理：通过对电动汽车车载耗能系统（如空调、电动泵等）的协调和管理，以获得最佳的能量利用率。

7）功率分配：通过综合车辆信息、电池和电机信息计算电机功率的分配，进行车辆的驱动控制和制动能量回馈控制，从而在系统允许范围内获得最佳的驾驶性能。

8）真空助力泵的控制及故障诊断，真空泵故障时电制动辅助控制。

9）坡道驻车辅助控制。

10）坡道起步时防止溜车控制。

实践操作

六、主控制器的更换

1. 拆下主控制器

（1）断开低压电源

确保电源开关位于 OFF 位置，松开蓄电池负极螺母，取下蓄电池负极。

（2）拆下中控台内饰

使用内饰拆装工具拆下中控台装饰条、换挡操纵机构装饰条、换挡操纵机构盖板，如图 1-1-13 所示。

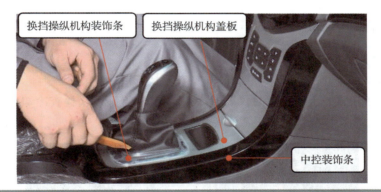

图 1-1-13 中控台装饰条、换挡操纵机构装饰条、换挡操纵机构盖板的位置

（3）拆卸烟灰盒总成

拆下烟灰盒总成固定螺钉，拔下点烟器线束插头并取下烟灰盒总成。烟灰盒总成的位置如图 1-1-14 所示，烟灰盒总成固定螺钉及卡扣的位置如图 1-1-15 所示。

图 1-1-14 烟灰盒总成的位置

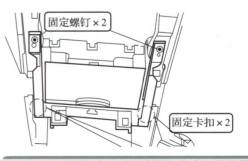

图 1-1-15 烟灰盒总成固定螺钉及卡扣的位置

（4）拆卸主控制器

拔下主控制器两个线束插头。

拆下主控制器左、右线束支架固定螺母，位置如图 1-1-16 所示。

拆下主控制器 3 个固定螺母（位置如图 1-1-17 所示），并取下主控制器。

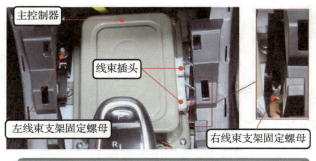

图 1-1-16　主控制器左、右线束支架固定螺母的位置　　　图 1-1-17　主控制器固定螺母的位置

2. 安装主控制器

安装过程与拆卸过程相反，在此不再展开叙述。

3. 上电检查

检查上电是否正常，上电正常时仪表显示如图 1-1-18 所示。检查冷却水泵是否运转；踩动制动踏板，检查制动真空泵是否正常运转。

图 1-1-18　上电正常

七、网关控制器的更换

1. 拆卸网关控制器

（1）断开低压电源

确保电源开关位于 OFF 位置，松开蓄电池负极螺母，取下蓄电池负极。

（2）拆下副驾驶储物箱

将储物箱打开，然后在储物箱右侧找到储物箱气动弹簧，将储物箱上安装气动弹簧的卡扣挤压变形后可取出气动弹簧，按图1-1-19所示脱开气动弹簧与储物箱总成的连接；将储物箱两侧的限位柱通过挤压变形取出，使下本体不再对储物箱有限位功能；将储物箱总成转轴处与仪表板下本体配合紧固处脱开，即可取出储物箱总成。

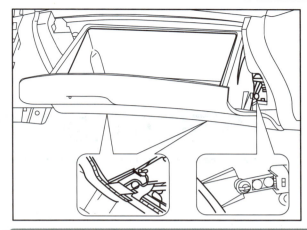

图1-1-19　副驾驶储物箱卡扣的位置及气动弹簧的样式

（3）拆下网关控制器

拔下网关控制器线束插头，拆下网关控制器支架固定螺栓，并取下网关控制器及支架总成、网关控制器的位置如图1-1-20所示。

图1-1-20　网关控制器的位置

2. 安装网关控制器

安装过程与拆卸过程相反，在此不再展开叙述。

3. 上电检查

检查上电是否正常。

任务小结 →

1. 整车控制系统通常由多个控制单元、传感器、控制器及CAN通信网络组成。
2. 整车控制系统的功能：整车能量优化管理、驾驶员意图解析、驱动控制、制动能量回馈控制、充电过程控制、车辆状态的实时监测和显示、高低压上下电控制、故障诊断与处理、整车CAN通信网络管理、电动化辅助系统管理、远程控制。
3. 整车控制系统的控制策略：整车能量管理控制、整车驱动控制、制动能量回馈控制、整车保护功能控制等。
4. 网关控制器主要有以下3个功能：报文路由、信号路由、网络管理。
5. 双向交流逆变式电机控制器（VTOG）的主要功能：驱动控制、充电控制、其他放电功能。

学习情境 1　整车控制系统概述

高压电控总成内部认知

▌任务导入 →

小王刚刚来到一家新能源汽车制造厂工作，要参与纯电动汽车的高压电控总成装配，你能告诉他纯电动汽车的高压电控总成都是由那些关键部件组成的吗？各个部件的作用、安装位置及顺序是怎样的？

▌学习目标 →

1. 能够正确认知高压电控总成内部各零部件名称。
2. 能够正确认知预充及驱动线路。
3. 能够正确认知充电高压线路。
4. 能够正确认知高压附件线路。
5. 能够正确认知泄放及绝缘检测线路。

▌理论知识 →

一、纯电动汽车的高压配电系统

随着新能源汽车技术的飞速发展，电动汽车高压配电系统的集成度越来越高。早期的纯电动汽车通常是将电机控制器、高压配电盒、车载充电机、DC/DC 变换器各自独立封装成总成的结构形式，如图 1-2-1 所示。其优点是检测和更换方便，后期维修成本低；缺点是高压线束复杂，每一个总成都要做防水、防尘措施，成本较高。

图 1-2-1　北汽 EV160 发动机舱（4 个高压部件单独布置）

目前大部分纯电动汽车将这些模块的部分或全部集成在一起。例如，北汽 EX360 是将 DC/DC 变换器、电机控制器、车载充电机、高压配电系统集成在一起，称为 PEU，如图 1-2-2 所示；吉利 EV450 是将电机控制器与 DC/DC 变换器集成在一起，将高压配电盒与车载充电机集成在一起，如图 1-2-3 所示。

图 1-2-2　北汽 EX360 发动机舱（集成布置）

图 1-2-3　吉利 EV450 发动机舱（集成布置）

比亚迪 E5 将电机控制器、高压配电盒、车载充电机、DC/DC 变换器全部集成在一个总成内，叫作高压电控总成；其内部还有漏电检测模块。比亚迪 E5 高压电控总成的位置如图 1-2-4 所示。

图 1-2-4　比亚迪 E5 高压电控总成的位置

二、比亚迪 E5 高压电控总成

比亚迪 E5 高压电控总成分为上、下两层，中间是冷却水道。
2017 款比亚迪 E5（带三相交流充电）高压电控总成上层结构如图 1-2-5 所示。

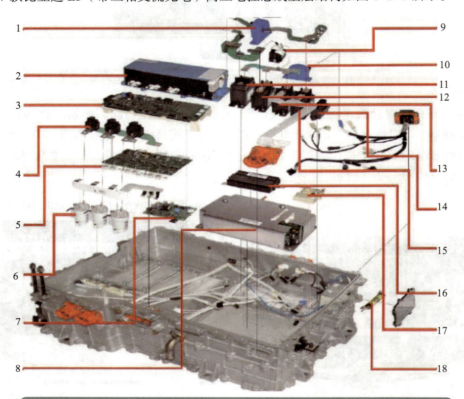

图 1-2-5　2017 款比亚迪 E5（带三相交流充电）高压电控总成上层结构
1—负极汇流排及霍尔式电流传感器；2—高压电容；3—VTOG 高压电控主板；
4—三相交流输出霍尔式电流传感器；5—IGBT 模块；6—三相交流快充接触器；
7—主动泄放模块；8—DC/DC；9—被动泄放模块；10—正极汇流排及霍尔式电流传感器；
11—主接触器；12—交流充电接触器；13—直流快充正极接触器；14—预充接触器；
15—直流快充负极接触器；16—漏电检测总成；17—预充电阻；18—空调熔断器

2018 款比亚迪 E5（不带三相交流充电）高压电控总成上层结构如图 1-2-6 所示，包括高压配电模块、VTOG（双向交流逆变式电机控制器）、主动泄放模块、DC/DC、漏电传感器和直流烧结检测总成等，与 2017 款相比少了交流快充部分（主要是三相交流快充接触器和交流充电接触器），增加了直流烧结检测总成。

任务 2　高压电控总成内部认知

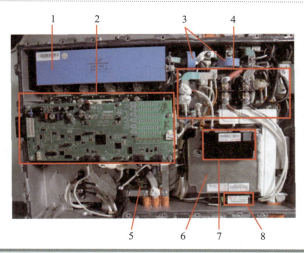

图 1-2-6　2018 款比亚迪 E5（不带三相交流充电）高压电控总成上层结构

1—高压电容；2—VTOG；3—电流传感器；4—高压配电模块；5—主动泄放模块；
6—DC/DC；7—漏电传感器；8—直流烧结检测总成

高压电控总成的下层结构如图 1-2-7 所示，包括车载双向充电机、直流升压线圈、直流快充电容等。

图 1-2-7　高压电控总成的下层结构

1—车载双向充电机；2—直流升压线圈；3—直流快充电容

由于高压电控总成内部集成了大量的发热部件，如 VTOG 中的 IGBT 模块、车载充电机及 DC/DC 等，比亚迪 E5 采用集中水冷的方式进行冷却，在上、下层之间铸有冷却水道，如图 1-2-8 所示。

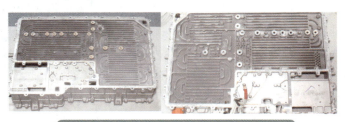

图 1-2-8　压电控总成中间的冷却水道

1. VTOG

VTOG 的主要功能如下。

1）驱动控制（放电）：采集加速、制动、挡位、旋变信号等控制电机正向、反向驱动，正、反转发电功能；具有高压输出电压和电流控制功能，具有电压跌落保护、过电流保护、过温保护、IPM 过温保护、IGBT 过温保护、功率限制、转矩控制等功能；具备电控系统防盗、能量回馈控制、主动泄放控制、被动泄放控制等功能。

2）充电控制：具有交、直流转换，双向充、放电控制功能；根据车辆或其他设备请求信号控制车辆对外放电；具有断电重启功能，即在电网断电又供电的时候，可继续充电。

对于带有三相交流快充的车型，VTOG 具有自动识别单相、三相相序并根据充电电流控制充电方式，根据充电设备识别充电功率，控制充电方式的功能。

VTOG 主要由高压电容（图 1-2-9）、VTOG 高压电控主板和 IGBT 模块（图 1-2-10）组成。IGBT 模块通过螺栓固定在水套表面，中间涂有导热硅脂，方便散热。

图 1-2-9　高压电容

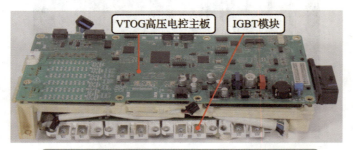

图 1-2-10　VTOG 高压电控主板和 IGBT 模块

2. 车载充电机

比亚迪 E5 车载充电机总成如图 1-2-11 所示，其位于高压电控总成下半部，通过螺栓固定在水套上，中间涂有导热硅脂以方便散热。

比亚迪 E5 车载充电机为双向充电机，外界 220V 交流电源可以通过车载充电机总成整流、升压向动力电池充电，动力电池也可以通过车载充电机降压、逆变对外输出 220V 交流电。

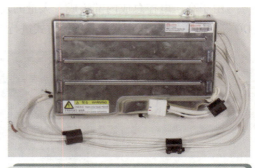

图 1-2-11　比亚迪 E5 车载充电机总成

3. DC/DC

电动汽车的 DC/DC 的主要功能是给车灯、ECU、车身电器等各种汽车附属设备提供电力和为辅助电源充电,其作用与传统汽车交流发电机类似。

比亚迪 E5 的 DC/DC(图 1-2-12)可以将 627V 高压电转变为 13.8V 低压电。

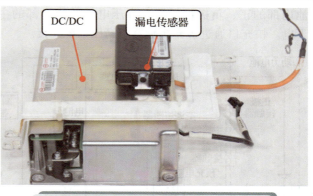

图 1-2-12　DC/DC 和漏电传感器

4. 漏电传感器

漏电传感器如图 1-2-12 所示。其具有 CAN 通信功能,主要监测与动力电池输出端相连接的正极母线与车身底盘之间的绝缘电阻以判定高压系统是否漏电。漏电传感器将漏电信息(一般漏电故障、严重漏电故障)通过线束直接传递给 BMS,采取相应保护措施;将检测出的绝缘阻值通过 CAN 总线发送到动力网,供 BMS、VTOG 等使用,此信息可以用解码仪读取。

5. 直流烧结检测总成

直流烧结检测总成如图 1-2-13 所示。其功能是检测快充正负极接触器是否烧结。

6. 主动泄放模块

主动泄放模块如图 1-2-14 所示。比亚迪 E5 的主动泄放模块的作用是高压系统断电后将高压系统容性负载内的电能释放,保证安全;给 VTOG 供电及检测高压电容两端电压。

图 1-2-13　直流烧结检测总成

图 1-2-14　主动泄放模块

7. 高压配电模块

比亚迪 E5 高压系统主要包括动力电池、高压电控总成(内部有 IGBT 模块、DC/DC、主动泄放模块、被动泄放模块、双向车载充电机、漏电传感器和直流烧结检测总成)、驱动电机、电动压缩机、空调 PTC 水加热总成、动力电池 PTC 水加热总成、快充口、慢充口等。

2018 款比亚迪 E5(不带三相交流充电)的高压配电模块如图 1-2-15 所示,通过动力电池内部的正、负极接触器和高压电控总成内部的主接触器、预充接触器实现高压系统的上、下电。快充口通过快充接触器与高压系统连接。

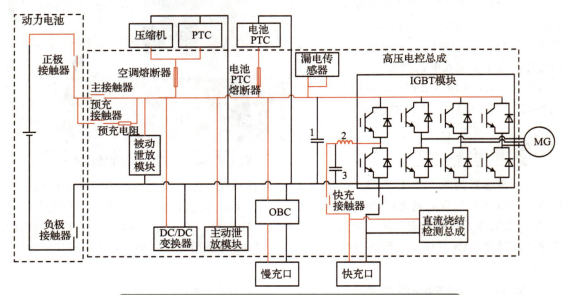

图 1-2-15　比亚迪 E5 的高压配电模块（不带三相交流充电）

OBC—双向车载充电机；MG—驱动电机；1—高压电容；2—快充升压线圈；3—快充电容

三、纯电动汽车的预充电控制

1. 预充电工作原理

纯电动汽车的预充电控制电路如图 1-2-16 所示。动力电池所带的电机控制器、电动压缩机、DC/DC 变换器及 PTC 加热器等负载中都并联有较大的电容，上电之前这些电容上无电荷或只有很低的残留电压。

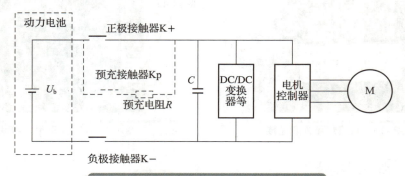

图 1-2-16　纯电动汽车的预充电控制电路

当没有预充回路时，动力电池正、负极接触器 K+、K- 接通，相当于动力电池直接接到电容的两端，此时相当于瞬间短路，负载电阻仅仅是导线电阻和接触器电阻，一般小于 20mΩ，而动力电池的电压通常在 200V 以上，瞬时电流将会超过 10000A，远大于接触器的最大电流。

当加入预充电回路时，负极接触器 K– 与预充接触器 Kp 接通，动力电池、预充电阻 R、电容 C 组成回路。此时通过电容 C 的电流受预充电阻的限制，这样就能保证通过一个较小的电流给高压回路中的容性负载在上电之前预先充电。

随着预充电的进行，电容 C 上的电压 U_C 越来越高，当 U_C 接近动力电池电压 U_b 时，接通正极接触器，断开预充接触器。此时由于 U_C 与 U_b 接近，故不再有大电流冲击。

2. 预充电时间与预充电阻的关系

通常电动汽车的预充电时间在 0.5 s 以内，因此需要预充电阻的峰值功率比较大，比较常见的预充电阻为金属铝壳电阻和水流电阻。预充电时间与预充电阻的关系见式（1-2-1）。

$$t = RC\ln\frac{U_b - U_0}{U_b - U_P} \tag{1-2-1}$$

式中：t 为预充电时间；R 为预充电阻；C 为负载端电容；U_b 为动力电池电压；U_0 为上电前负载端电压；U_P 为预充结束时负载端电压。

一般来说，U_P 为总电压的 90%~95%，U_0 通常可以取 0。因此，式（1-2-1）可以简化为

$$t = RC\ln 10 \tag{1-2-2}$$

拓展阅读

四、北汽 EV160 高压系统认知

1. 高压部件

北汽 EV160 纯电动车高压部件主要有动力电池、驱动电机、电机控制器、高压控制盒、DC/DC、车载充电机、电动压缩机、PTC 加热器及高压线束。

动力电池及其高压线束如图 1-2-17 所示。

驱动电机及其高压线束如图 1-2-18 所示。

图 1-2-17　动力电池及其高压线束

图 1-2-18　驱动电机及其高压线束

北汽 EV160 纯电动车发动机舱内的主要高压部件及线束如图 1-2-19 所示。

图 1-2-19　北汽 EV160 纯电动车发动机舱内的主要高压部件及线束

电动压缩机、PTC 加热器如图 1-2-20 所示。

图 1-2-20　电动压缩机、PTC 加热器
（a）电动压缩机；（b）PTC 加热器

2. 高压系统连接

北汽 EV 160 纯电动汽车高压系统连接如图 1-2-21 所示。

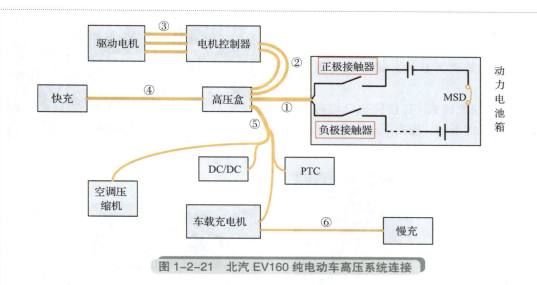

图 1-2-21　北汽 EV160 纯电动车高压系统连接

第①段，动力电池高压线束：连接动力电池与高压控制盒，为高压主供电线束。如图 1-2-22 所示，接高压盒的插头 A 端子为高压负极，B 端子为高压正极；接动力电池的 1 端子为高压负极，2 端子为高压正极。

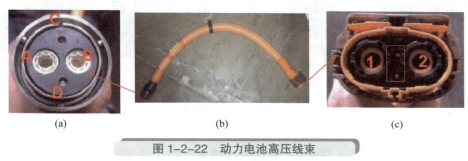

图 1-2-22　动力电池高压线束

（a）接高压盒；（b）动力电池高压线束；（c）接动力电池

第②段，电机控制器高压线束：连接高压控制盒与电机控制器，为主用电线束。如图 1-2-23 所示，接高压盒的插头 A 端子为高压负极，B 端子为高压正极；线束另一端的两个插头分别接电机控制器的高压直流输入正、负极。

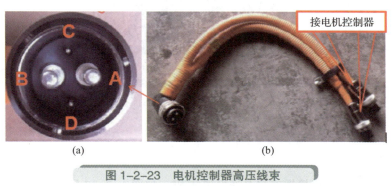

图 1-2-23　电机控制器高压线束

（a）接高压盒；（b）接电机控制器

第③段，驱动电机高压线束：连接电机控制器与驱动电机，为U、V、W三相线束。如图1-2-24所示，黄色为U相，绿色为V相，红色为W相。

第④段，快充线束：连接快充口与高压控制盒。如图1-2-25所示，接高压盒的插头1端子为高压负极，2端子为高压正极。

图1-2-24 驱动电机高压线束

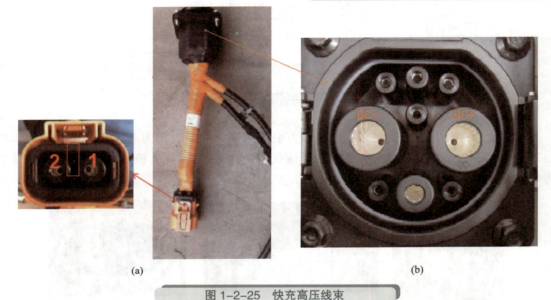

图1-2-25 快充高压线束
（a）接高压盒；（b）快充口

第⑤段，高压附件线束（总成）：连接高压控制盒到空调压缩机、DC/DC变换器、空调PTC加热器、车载充电机，如图1-2-26所示。

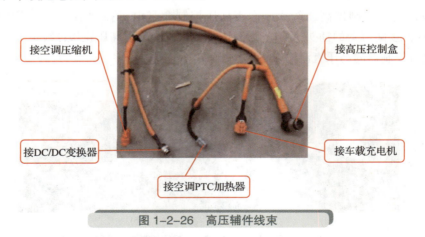

图1-2-26 高压辅件线束

第⑥段，慢充线束：连接慢充口与车载充电机。如图1-2-27所示，接车载充电机的插头1端子为L（220V交流电源），2端子为N（220V交流电源）。

任务2 高压电控总成内部认知

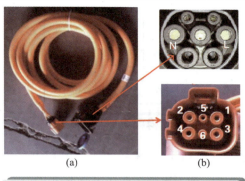

图 1-2-27 慢充高压线束

（a）慢充线束；（b）插头定义

高压控制盒内有高压熔断器、继电器，完成对动力电池高压电的分配及对支路高压用电设备的保护；空调 PTC 控制板完成对空调加热器的加热模式及温度的控制。高压控制盒如图 1-2-28 所示。

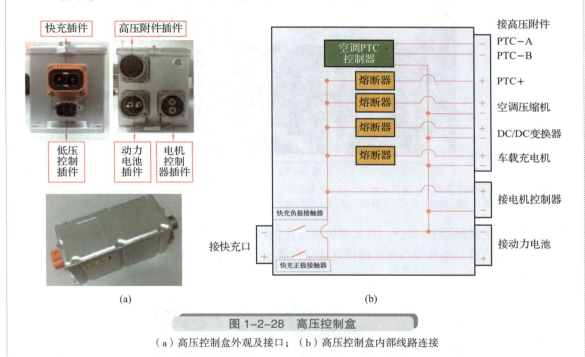

图 1-2-28 高压控制盒

（a）高压控制盒外观及接口；（b）高压控制盒内部线路连接

实践操作

五、高压电控总成内部线路认知

1. 预充及驱动线路

预充及驱动高压线路连接示意图如图 1-2-29 所示。

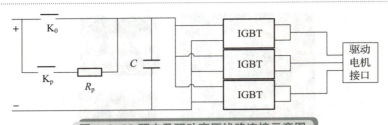

图 1-2-29 预充及驱动高压线路连接示意图

预充时，预充接触器 K_p 吸合，主接触器 K_0 断开，高压电容 C、预充电阻 R_p 与动力电池组成回路；在预充电阻的限流下，动力电池给高压电容 C 充电。

比亚迪 E5 的预充电路实物连接如图 1-2-30 所示。

预充时：预充接触器 1 吸合、主接触器 7 断开，电流通过正极内侧汇流排 8、高压线路 5、预充接触器 1、高压线路 2、预充电阻 3、高压线路 4，连接到正极外侧汇流排。

图 1-2-30　比亚迪 E5 的预充电路实物连接

1—预充接触器；2—高压线路（连接预充电阻和预充接触器）；3—预充电阻；4—高压线路（连接正极外侧汇流排）；5—正极外侧汇流排；6—高压线路（连接正极内侧汇流排）；7—主接触器；8—正极内侧汇流排

驱动时：主接触器 K_0 吸合，直流正极通过正极内侧汇流排、主接触器、正极外侧汇流排，到高压电容；直流负极通过负极汇流排直接接在高压电容上，如图 1-2-31 所示。

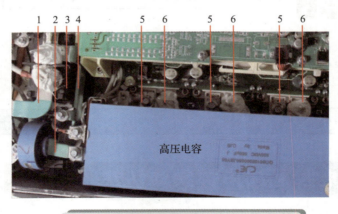

图 1-2-31　高压电容电路连接

1—正极内侧汇流排；2—负极汇流排；3—主接触器；4—正极外侧汇流排；5—高压电容负极接线柱；6—高压电容正极接线柱

高压电容正、负极分别接在三对 IGBT 上（如图 1-2-32 所示，每一个方框是一对 IGBT），每一对 IGBT 对外输出一相高压，通过汇流排、驱动电机插接器连接驱动电机，如图 1-2-33 所示。

图 1-2-32　比亚迪 E5 的 IGBT 模块

1，2，3—驱动用 IGBT；4—快充用 IGBT

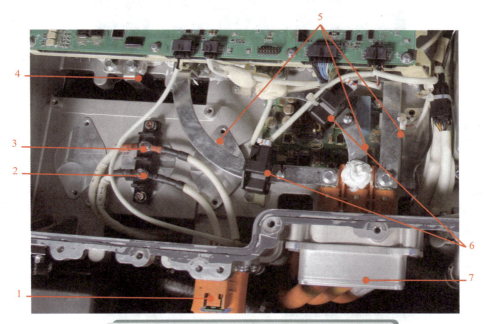

图 1-2-33　慢充接口、驱动电机接口高压线路连接

1—慢充插接器；2—慢充交流线束负极；3—慢充交流线束正极；4—汇流排（通过快充正极线束连接快充升压线圈）；5—电机三相汇流排；6—电流传感器；7—驱动电机插接器

2. 充电高压线路

充电高压线路连接如图 1-2-34 所示。

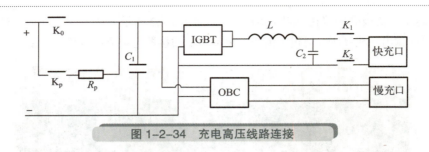

图 1-2-34 充电高压线路连接

交流慢充时，主接触器吸合，电流通过慢充插接器、慢充交流正负极线束连接到双向车载充电机，如图 1-2-33 所示。双向车载充电机位于高压电控总成背面，其线路连接如图 1-2-35 所示；输入的 220V 交流电在载充电器总成内部经整流、升压后变为直流电，经慢充直流正、负极线束分别连接到主接触器前端汇流排和直流负极汇流排。

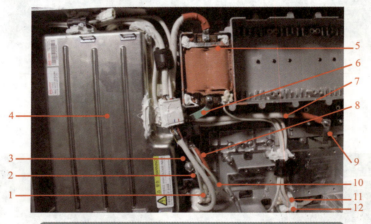

图 1-2-35 双向车载充电机、快充升压模块线路连接

1—慢充直流正极线束；2—快充负极线束（连接高压电容 C_2 与负极汇流排）；3—高压电容 C_2；4—双向车载充电机总成；5—快充升压线圈；6—汇流排（连接高压电容 C_2 和快充升压线圈）；7—快充正极线束 2；8—快充正极线束 1；9—汇流排（连接 IGBT 模块）；10—慢充直流负极线束；11—慢充交流负极线束；12—慢充交流正极线束

直流快充时，快充正、负极接触器吸合；直流负极通过快充口、汇流排、负极接触器连接到直流负极汇流排；直流正极通过快充口、汇流排连接到正极接触器，如图 1-2-36 所示；然后通过快充正极接触器、快充正极线束 8、汇流排 6、快充升压线圈 5、快充正极线束 7、汇流排 9、IGBT 模块连接到动力电池正极，如图 1-2-35 所示。

图 1-2-36 快充接触器线路连接

1—快充正极接触器；2—快充正极线束；3—快充负极接触器；4—快充负极线束（连接高压电容 C_2 与负极汇流排）；5—快充接口；6—汇流排（连接快充接口与快充负极接触器）；7—汇流排（连接快充接口与快充正极接触器）

3. 高压附件线路

高压附件线路连接如图 1-2-37 所示，高压附件主要是指 DC/DC 变换器、电动压缩机和 PTC 加热总成（PTC_1），部分车型还有用于动力电池加热的 PTC 加热器（PTC_2）。

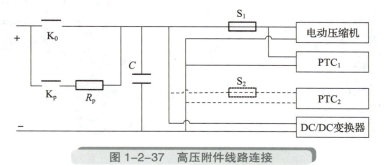

图 1-2-37　高压附件线路连接

PTC_1—空调 PTC 加热总成；PTC_2—动力电池 PTC 加热总成（部分车型有）

比亚迪 E5 高压附件实物线路连接如图 1-2-38 所示（不带用于动力电池加热的 PTC 加热器）。DC/DC 变换器通过 DC/DC 正极线束连接主接触器后端正极汇流排，通过 DC/DC 负极线束连接负极汇流排。电动压缩机和 PTC 加热总成共用一个熔断器（图 1-2-39），通过附件高压线束连接主接触器后端正极汇流排，通过压缩机正极线束、PTC 加热器正极线束分别接到压缩机接口、PTC 加热器接口，负极通过 PTC 加热器负极线束、压缩机负极线束分别连接负极汇流排。

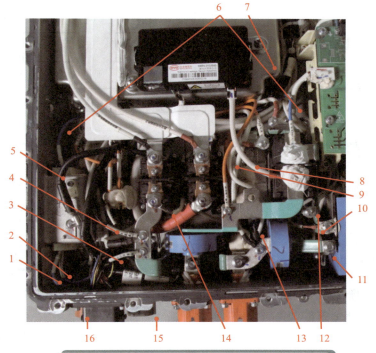

图 1-2-38　比亚迪 E5 高压附件实物线路连接

1—压缩机正极线束；2—PTC 加热器正极线束；3—PTC 加热器负极线束；4—压缩机负极线束；5—附件熔断器；6—附件高压线束；7—DC/DC 总成；8—绝缘检测线束；9—被动泄放正极线束；10—主动泄放正极线束；11—主动泄放负极线束及插头；12—DC/DC 正极线束及插头；13—DC/DC 负极线束及插头；14—被动泄放负极线束；15—压缩机接口；16—PTC 加热器接口

32A空调熔断器

DC/DC低压输出

图 1-2-39　DC/DC 输出端口和空调熔断器

4. 泄放及绝缘检测线路

比亚迪 E5 泄放及绝缘检测线路连接如图 1-2-40 所示。比亚迪 E5 具有主动泄放与被动泄放功能。

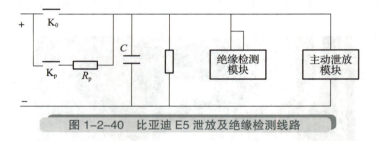

图 1-2-40　比亚迪 E5 泄放及绝缘检测线路

泄放及绝缘检测实物连接如图 1-2-38 所示。主动泄放模块通过主动泄放正极线束、主动泄放负极线束分别连接到高压电容的正、负极。除具有泄放功能以外，其还具有检测高压电容两端电压及给 VTOG 供电的功能。被动泄放模块通过被动泄放正极线束、被动泄放负极线束分别连接到高压电容的正、负极。绝缘检测模块通过绝缘检测线束连接到主接触器后端正极汇流排。

任务小结

1. 比亚迪 E5 将电机控制器、高压配电盒、车载充电机、DC/DC 变换器全部集成在一个总成内，叫作高压电控总成。
2. VTOG（双向交流逆变式电机控制器）的主要功能有驱动控制（放电）和充电控制。
3. 比亚迪 E5 车载充电机为双向充电机，外界 220V 交流电源可以通过车载充电机总成整流、升压向动力电池充电，动力电池也可以通过车载充电机降压、逆变对外输出 220V 交流电。
4. 电动汽车的 DC/DC 的主要功能是给车灯、ECU、车身电器等各种汽车附属设备提供电力和为辅助电源充电，将高压电转变为低压电。

学习情境 2
整车控制系统功能测试

【学习目标】

（1）能够正确规范的使用车间和个人防护用具；

（2）能够正确认知仪表显示内容及各指示灯；

（3）能够正确进行车辆上下电操作；

（4）能够正确使用解码仪进行故障码读取、数据流读取及主动测试等操作；

（5）能够正确使用车辆的对外放电功能；

（6）能够正确规范的进行换挡操作及模式切换；

（7）能够与客户交流并讲解比亚迪 E5 的保护功能；

（8）能够正确检查车辆是否上电正常。

整车状态监测及能量管理

任务导入

小王在新能源汽车某 4S 店做汽车维修工，现有一辆比亚迪 E5 纯电动汽车需要进行主动测试，你能告诉他如何操作吗？另外，你能告诉他怎么利用解码器查看接触器的状态和绝缘电阻的数值吗？

学习目标

1. 能够掌握纯电动汽车仪表盘各指示灯功能；
2. 能够掌握剩余电量、续驶里程的查看方法；
3. 能够利用解码仪进行接触器状态和绝缘电阻的读取；
4. 能够利用解码仪进行电子制动系统（EPB）主动测试；
5. 能够演示车辆的对外放电功能。

理论知识

一、车辆状态监测与显示

1. 整车状态获取

整车控制系统将对车辆的运行状态进行实时监测，并将部分状态信息（电机功率信息、车速信息、故障信息等）传送给车载信息显示系统，包括显示仪表和中控系统。

（1）整车状态获取方式

1）通过车速传感器、挡位信号传感器等检测整车的运行状态；
2）通过 CAN 总线获得原车功能模块、动力电池系统、电机驱动系统等状态信息。

（2）整车状态获取内容

1）点火开关状态：OFF、ACC、ON、START。

2）充电监控状态：充电唤醒、连接状态、充电口盖的开关状态及充电口的温度信号。

3）挡位状态：P、R、N、D。

4）加速踏板位置：加速踏板开度（0%~100%）。

5）制动踏板状态：制动、未制动。

6）BMS 状态：接触器状态、电压、电流、温度等。

7）电机控制器状态：工作模式、转速、转矩等。

8）EPS、PTC 信息。

9）ABS 状态、ICM 状态。

2. 状态显示及信息管理

（1）车载显示

显示仪表和中控系统均能够显示车辆状态信息和车辆故障信息。车辆状态信息主要包括：①整车动力系统状态，如动力电池剩余电量、车辆续驶里程等；②车辆行驶状态，如挡位信号、车速、车辆灯光系统工作情况等。车辆故障信息主要包括系统故障灯状态和部件故障灯状态等。除此之外，显示仪表盘还具有提示功能，不仅能以指示灯的形式对驾驶员进行提示，如充电提醒灯、室外温度提示灯、安全带未系提示灯等，而且能够在必要的时候进行声音报警和文字报警提示。显示仪表故障指示如图 2-1-1 所示。

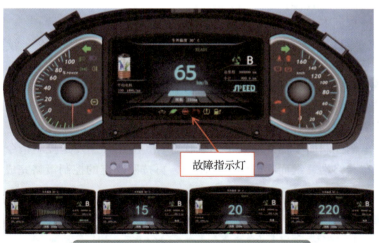

图 2-1-1　显示仪表故障指示

（2）远程监控

目前，很多新能源汽车具有远程监控功能。远程监控系统一般由车载终端、远程管理服务平台和手机应用程序组成，如图 2-1-2 所示。

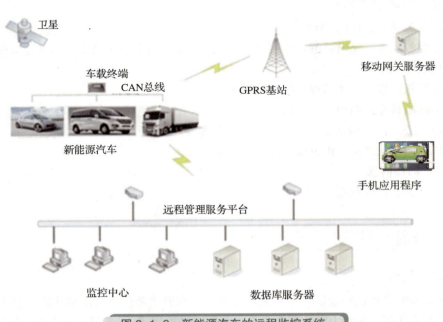

图 2-1-2　新能源汽车的远程监控系统

车载终端通过 CAN 总线实时获取车辆数据和故障状态并结合位置传感器获取定位信息,最后将这些数据同步存储到本地 SD 卡中,并将数据通过 GPRS 无线网络发送到远程管理服务平台。用户(车主)可以通过手机应用程序访问远程管理服务平台以获取相应的车辆监控信息,甚至可以进行部分远程操作。

常见的监控信息如下。

1)车辆状态。可以查看的车辆实时状态包括当前总里程、剩余电量、续驶里程、电芯最高/低温度、是否充电等,也可以查看汽车的故障状态、故障等级等。

2)车辆位置。通过手机应用程序查看汽车位置,车主可以很方便地找到自己的车辆。

3)远程车辆控制。远程车辆控制通常是指,车主通过手机应用程序对自己的车辆进行空调控制和充电控制,包括远程开启空调、关闭空调、定时充电、结束充电等。

当进行远程车辆控制而车辆终端处于休眠状态时,应用程序发送控制指令后,通过远程管理服务平台唤醒车载终端,继而唤醒整车控制器,再按照既定的控制策略完成控制功能。

二、整车工作模式的判定及上下电控制

1. 整车工作模式的判定

整车工作模式分为 3 种:充电模式、驱动模式和紧急下电模式。整车控制器由低压唤醒后,周期执行整车工作模式的判定程序。其中,充电模式优先于驱动模式。整车工作模式的判定流程如图 2-1-3 所示。

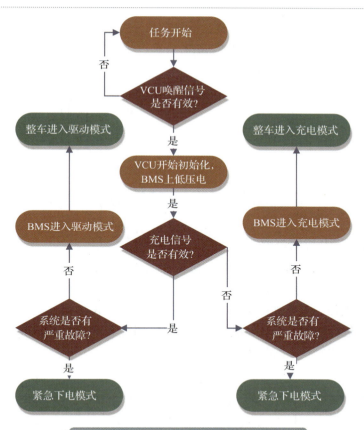

图 2-1-3　整车工作模式的判定流程

1）初始化：当驾驶员按下起动开关（将点火开关置于 ON 位置）或充电连接信号唤醒 VCU 后，VCU 开始初始化。VUC 初始化完成后，BMS 上低压电。

2）模式判断：唤醒 BMS 后，VCU 与 BMS 进行通信，根据充电信号是否有效、系统是否有严重故障等来进行工作模式（充电模式、驱动模式或紧急下电模式）的判断。

①充电模式：BMS 和车载充电机进入充电模式，主要任务有高压的上下电管理、充电过程中对电池的检测，以及故障的监测、诊断、处理。

②驱动模式：在车辆行驶或停车过程中整车参与所有控制，包括高压的上下电管理、驾驶员驾驶意图解析、驱动管理、能量管理、故障监测、故障处理等。

注意：驱动模式不能直接切换为充电模式，只有下电后通过充电唤醒，才能进入充电模式。在充电模式下也不能通过按下起动开关（将点火开关置于 ON 位置）切换到驱动模式。

2. 上下电控制

电动汽车高压系统结构简图如图 2-1-4 所示。其中，S_1 为动力电池，K_1 为主正接触器（动力电池正极接触器），K_2 为主负接触器（动力电池负极接触器），K_3 为主接触器，K_4 为预充接触器，R 为预充电阻，C 为控制总成支撑电容；高压负载包括 DC/DC 模块、电机驱动模块、绝缘检测模块等。

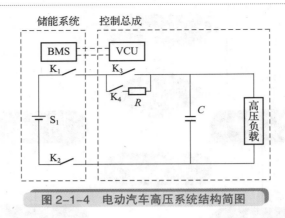

图 2-1-4 电动汽车高压系统结构简图

（1）常规的上下电控制策略

常见的上下电控制策略为 BMS 控制 K_1 和 K_2 的通断，实现储能系统对外供电；VCU 控制 K_3 和 K_4 的通断，实现控制总成的上电和下电。

BMS 高压上下电控制策略如图 2-1-5 所示。可以看出，BMS 高压配电策略只根据 KeyOn 信号和故障信号来进行控制，KeyOn 信号有效，BMS 闭合 K_1 和 K_2；KeyOn 信号无效或系统出现故障，BMS 上报故障信号，同时断开 K_1 和 K_2。

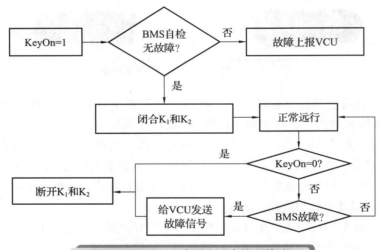

图 2-1-5 BMS 高压上下电控制策略

VCU 高压上下电控制策略如图 2-1-6 所示。可以看出，KeyOn 信号有效时，VCU 闭合 K_4 进行预充电，预充电完成后闭合 K_3，完成上电过程。KeyOn 信号无效或系统故障时，进行延时断电。延时断电具体处理策略如下：首先，VCU 输出一个指令将控制总成输出转矩限制在一定数值以下。其次，对 KeyOn 信号无效触发的故障信号进行若干秒的滤波，如果滤波后信号消失，则 VCU 恢复正常运行状态；如果滤波后信号仍存在，则进一步读取主回路电流值。如果主回路电流小于某一限值（一般要小于 5A），则直接断开 K_3；如果大于此限值，则延时若干秒后强制断开 K_3。

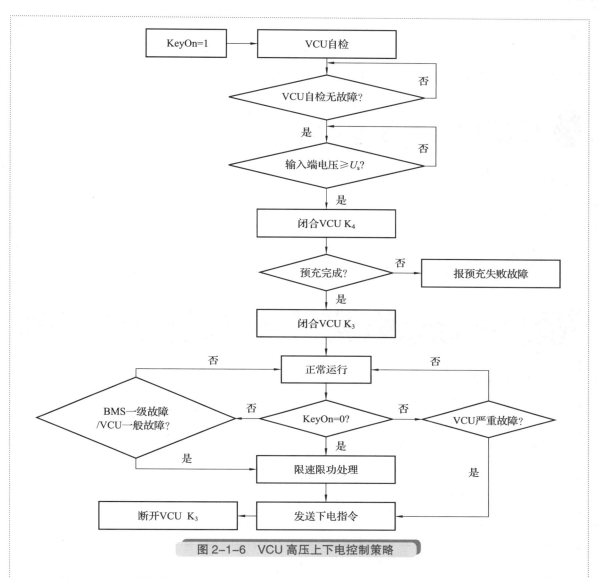

图 2-1-6　VCU 高压上下电控制策略

这种上下电控制策略的优点是，断电时切断动力电池电路最直接、耗时最短，能保证快速切断高压电。

这种上下电控制策略的不足是，（假设开关在 ON 位时在很短时间内来回转动一次）开关由 ON 位切换到 OFF 位时，BMS 立即断电，VCU 开始控制延时断电。由于开关转动时间很短，在 VCU 完成断电前（K_4 仍然闭合时），开关由 OFF 位切换到 ON 位，BMS 重新上电（闭合 K_1 和 K_2），造成高压电路在没有预充电的情况下直接接通高压，此时会产生一个很大的脉冲电流，该电流会对整个高压回路的功能部件造成冲击。在电动汽车发展初期，由于 BMS 和 VCU 不是由同一家供应商提供，因此有可能存在此类问题。

（2）比亚迪 E5 的上下电控制策略

比亚迪 E5 的上下电控制策略的特点为 BMS 控制 K_1、K_2、K_3 和 K_4 的通断，即所有的接触器都由 BMS 控制。

上电时，先要进行预充。预充时，接触器吸合顺序如下：正极接触器先吸合，再吸合预充接触器，最后吸合负极接触器。当预充完成后，控制吸合主接触器，完成上电。

下电时，先控制延时断电，限制电机输出转矩；当延时状态结束以后再控制下电操作。此时 BMS 先断开主接触器，然后断开负极接触器，最后断开正极接触器。

三、整车内部能量管理

纯电动汽车内部能量管理包括 SOC 的估算、能量管理控制策略、再生制动能量回收等。

1. SOC 的估算

电池的 SOC 估算有多种方法，如放电测试法、电流积分法、开路电压法、电池内阻法、神经网络法、模糊逻辑法、卡尔曼滤波法等。各种 SOC 估算方法的对比见表 2-1-1。

表 2-1-1　各种 SOC 估算方法的对比

估算方法	描　述	优　点	缺　点
放电测试法	实验室环境下，电池从满电状态放至空电状态	简单、准确	离线情况下适用，会改变电池状态，损失电池能量
电流积分法	根据电量的定义计算电流和放电时间的乘积	简单、准确、在线测量	需要准确测量电流，无法计算初始电量，对副反应敏感，开环的方法会有累计误差
开路电压法	测量电池的开路电压，利用 SOC-OCV 曲线得到电量值	在线测量、简单、准确	只适用于静态条件下，电池需要长时间静置才能得到准确值
电池内阻法	测量电池的内阻，利用电池内阻与 SOC 的关系来预测电量	简单、在线测量	受动力电池温度影响较大，可信度不高
神经网络法	利用神经网络的思想进行 SOC 估算	准确、在线测量	计算量大，耗时，需要大存储空间和大的样本
模糊逻辑法	利用模糊控制理论模型进行 SOC 估算	在线测量	计算量大，耗时，需要大存储空间，需要建立模糊控制规则
卡尔曼滤波法	建立等效电路模型，拟合模型参数，使用算法进行计算	准确、在线测量	需要合适的电路模型，计算量大，耗时，需要大存储空间

估算方法虽然很多，但均存在一定的缺陷，卡尔曼滤波或者神经网络大部分处于实验阶

段。在实际应用中，一般在电流积分的基础上再加入一些影响因子进行校正；卡尔曼滤波法及其改进算法是比较有前景的算法。

（1）电流积分法

电流积分法也称安时积分法、电量累积法，是目前在电池管理系统中应用较为普遍的 SOC 估算方法。其工作原理如式（2-1-1），通过累积充进或放出的电量来估算电池的 SOC，并根据放电率和电池温度对估算的 SOC 进行补偿。

$$SOC = SOC_0 - \int_{t_0}^{t_f} \frac{\eta I dt}{C_N} \qquad (2-1-1)$$

式中：SOC_0 为初始 SOC；C_N 为电池额定容量（Ah）；I 为充放电电流，充电时取负，放电时取正；η 为充放电效率。

电流积分法测量 SOC 简单可靠，能动态地估算电池 SOC，因此应用广泛。该方法也存在一定的局限性：

1）需要提前获得电池的初始 SOC。

2）要对充、放电电流进行精准采集。

3）认为电池额定容量是一个定值，忽略了温度、电池老化、充放电倍率及电池自放电等对电池容量的影响。

综上，长期使用此法会导致测量误差不断累积扩大，因此需要引入相应修正系数对累计误差进行纠正。

（2）卡尔曼滤波法

卡尔曼滤波法是将电池看成动态系统，SOC 是系统的一个内部状态。系统的输入量为 U_k，通常包含电流、温度、剩余容量和电池内阻等变量，系统的输出 Y_k 通常为电池的工作电压，电池 SOC 包含在系统的状态量 X_k 中。

状态方程为

$$X_{k+1} = f(X_k, U_k) + W_k \qquad (2-1-2)$$

式中：X_{k+1}、X_k 为状态变量；U_k 为输入量；W_k 为过程噪声向量（描述状态转移中间的加性噪声或误差）。

观测方程为

$$Y_{k+1} = g(X_k, U_k) + V_k \qquad (2-1-3)$$

式中：Y_{k+1}、Y_k 为输出变量；X_k 为状态变量；U_k 为输入量；V_k 为观测噪声向量。

卡尔曼滤波法的优点主要表现在：

1）克服了电流积分法随时间的推移出现的误差积累效应；

2）对电池初始 SOC 的精确度要求不高，可以在初始误差很大的情况下，很快将 SOC 收敛到真实值附近；

3）能同时给出 SOC 估算值和估算误差。

卡尔曼滤波法适用于各种电池，尤其适合于电流波动比较剧烈的混合动力汽车电池的 SOC 估算。

2. 能量管理控制策略

(1) 基于续驶里程的能量管理控制策略

普通燃油车一次加油后的续驶里程普遍在 500km 以上,部分车型甚至高达 1000km,而纯电动汽车的续驶里程多数为 100~500km,明显小于燃油车。再加上充电时间长、充电场所受限等一系列问题,纯电动汽车的续驶里程远小于普通燃油车。因此,需要从车载能量的有效利用出发,节省与优化能源的使用,制定良好的能量管理策略,合理分配电池组的能量,减少能量的消耗,提高能量的利用率,在不影响整车动力性、安全性的基础上,延长电动汽车续驶里程。

通常采用的方法是根据动力电池组的 SOC 控制驱动电机的功率。当 SOC 取值不同时,电机的输出功率和转矩发生变化。首先设置 SOC 与电机输出功率的对应关系,当 SOC 到某一门限值时,限制电机及其他用电设备的功率输出,从而在满足动力性和安全性的前提下提高续驶里程。

这种限制功率输出的方法对续驶里程的增加有明显的作用,但是会影响驾驶体验(电机限功率)、舒适度(限制空调制冷/取暖功能)。

驱动电机功率控制方案如图 2-1-7 所示。驾驶员的操作指令与驱动电机的反馈形成一个闭环。基准转矩体现驾驶员稳态转矩需求,由加速踏板开度和驱动电机转速决定。补偿转矩反映了车主的加速需求,取决于加速踏板的速率和车速;工况不同,电机的补偿转矩就不同。补偿之后,基准转矩通过平滑模块进行适宜的平滑处理;在此过程中,如果达到了限制功率的条件,则切换控制策略,以限功率方式来运行操作。

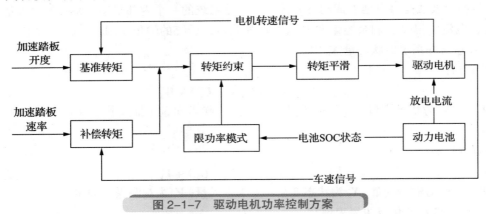

图 2-1-7 驱动电机功率控制方案

(2) 基于动力电池使用寿命的能量管理策略

电动汽车动力电池的制造成本很高,循环使用寿命又远小于发动机的使用寿命,为了降低电动汽车的使用成本,可采用基于动力电池使用寿命的能量管理控制策略。

动力电池的寿命衰减与循环次数、充放电倍率、电池放电深度、电池温度等因素有关。根据电池充放电特性,电池工作区间被划分为 3 个区域(图 2-1-8),并根据相应区域调整控制策略。

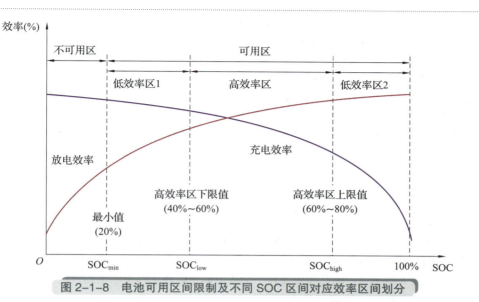

图 2-1-8　电池可用区间限制及不同 SOC 区间对应效率区间划分

基于动力电池使用寿命的能量控制策略要求动力电池尽量工作（充电、放电）在高效率区，动力电池的高效率区下限在 SOC（40%~60%）附近，高效率区上限在 SOC（60%~80%）附近。如果纯电动汽车动力电池的充放电总是工作在高效率区，则会对其续驶里程有较大影响，因此基于动力电池使用寿命的能量控制策略通常应用在混合动力汽车上。

3. 再生制动能量回收

与传统汽车不同，纯电动汽车或混合动力汽车普遍都有能量回馈系统。在进行能量管理时也要将这部分考虑在内，包括回收时的电流、功率等。通过再生制动，可以延长电池使用寿命，增加续驶里程。

4. 能量管理的保护措施

纯电动汽车的能量管理还需要具有一定的异常情况处理能力。常见的异常情况有电机过温、电池过温、电池过放、电池过充等。

（1）电机过温

当电机温度高于故障门限值 T_{stp} 时，说明电机温升已经达到较高水平，需要停车修复；当温度值介于故障门限值和跛行门限高值 T_{limp-h} 时，进入限功率模式（可在此设置若干门限值，对应不同的转矩限值），给冷却系统以一定时间从而降低电机温度；当电机温度回归到跛行门限值低值 T_{limp-l} 时，取消电机转矩指令的约束，重新回到正常驱动模式。电机过温控制如图 2-1-9 所示。

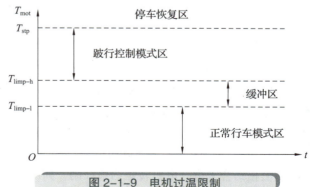

图 2-1-9　电机过温限制

T_{stp}—电机温度过高故障门限值，T_{limp-h}——电机温度跛行门限高值，
T_{limp-l}—电机温度跛行门限低值

通过对进入过温限功率模式和退出过温限功率模式值进行分离操作，设置一个温度缓冲区，从而可以避免电机温度在单一临界值时控制模式的频繁切换和转矩波动。

（2）电池过温

与电机系统温度门限值设置思路一致，设置两个电池过温门限值，一个是电池过温上限值（一般在60℃左右），另一个是电池过温下限值（一般在40℃左右）。当动力电池温度位于电池过温下限值时与电池过温上限值之间时，限制动力电池输出功率/放电电流（通常用限制电机功率、限制电动压缩机或PTC加热器工作的方法实现），给冷却系统以一定时间从而降低动力电池温度；当动力电池温度降低到电池过温下限值时，取消放电功率/放电电流的约束，重新回到正常放电模式。当动力电池温度超过电池过温上限值时，需要停车修复。

（3）电池过放

电池过放会导致锂离子过分迁出，从而破坏负极的稳定结构，造成电池负极的不可逆损坏，从而造成电池使用寿命衰减。尤其是在电池电量低或低温环境下，电池开路电压较低、内阻较大，更容易引起较大的压降，因此需要设置一个放电截至电压来约束电池的放电，避免过放现象。

通常需要设置两个过放电门限值：一个是电池系统允许放电的最低截至电压 V_L，该值往往由电池厂家直接提供，在实际放电过程中，一旦电压低于该值，则需要被迫停车，以避免过放引起的电池不可逆衰减；另一个门限值是跛行门限值（V_B：该值略高于截至电压），当电池组的实际电压低于该值时，进入跛行控制模式。为防止动力电池电压在 V_B 附近时控制模式的频繁切换，通常在此设置一个缓冲区。动力电池过放限制如图2-1-10所示。

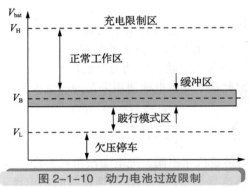

图2-1-10 动力电池过放限制

V_L—动力电池最低放电电压参考值，V_B—动力电池跛行电压参考值，V_H—动力电池最高充电电压参考值

假设动力电池最低放电电压参考值为 U_L，根据电池当前动力电池的开路电压 U_{OCV} 及电池内阻 R_i，可以确定电池当前的最大可放功率为

$$P_{\text{max-ref}} = U_L \frac{U_{OCV} - U_L}{R_i} \quad (2-1-4)$$

由动力电池最大放电功率可以得到当前电机转速下的转矩约束值：

$$T_{\text{ref}} = \frac{P_{\text{max-ref}}}{n} \quad (2-1-5)$$

式中：n 为驱动电机实时转速。

通过式（2-1-5）可以简单获取电池放电截至电压所决定的最大输出转矩限值。但是，随着动力电池使用次数的增加，SOC估算、开路电压及内阻均会发生偏移，与初始值不符，因此单独依靠初始数据确定的转矩约束控制效果可能会随着运行时间的增加而逐步变差，甚至起不到约束作用。因此，在实际过程中会引入反馈控制机制，通过参考门限电压值与实际反馈电压值相结合来进行电机转矩约束控制，如图2-1-11所示。

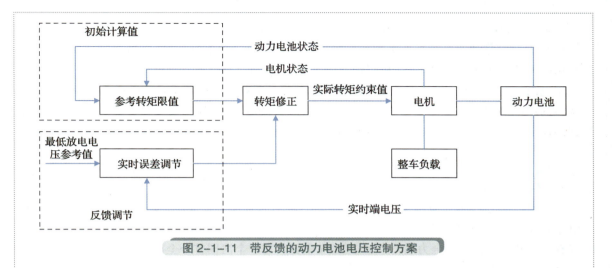

图 2-1-11 带反馈的动力电池电压控制方案

（4）电池过充

充电时，为防止电池内部化学反应产生的气体及温度所导致的内压上升引起安全问题，需停止充电。通常当检测到单体电池超过一定电压（三元锂电池为 4.25V）时，切断充电回路来防止过充。

四、放电功能

电动汽车的放电功能可以看作电动汽车与外部设备（其他车辆、电器、电网等）的能量交换与管理；电动汽车与外部设备的能量交换与管理是通过车载双向充电机来实现的。

1. 双向车载充电机

就目前来言，车载充电机逐渐趋向于多种功能：车对车充电（V to V）、车对负载供电（V to L）、车对家庭供电（V to H）及车对电网馈电（V to G），这类车载充电机称为双向车载充电机。通过双向车载充电机，电动汽车将不仅仅是一个交通工具，更将成为一个移动的储能电站，如图 2-1-12 所示。

①车对车充电 (V to V)
②车对负载供电 (V to L)
③车对家庭供电 (V to H)
④车对电网馈电 (V to G)

图 2-1-12 汽车作为移动储能电站的功能

车对车充电（V to V）可以用于电池 SOC 过低时的应急救援；车对负载供电（V to L）可以将车辆变为移动的办公场所或移动的家庭，几乎所有家用电器和办公设备都可以在汽车上使用；车对家庭供电（V to H）可以防止停电事故，也可以减少主电网的供电量（这一点对减轻用电高峰有重要意义）；对于长时间停放的车辆，车对电网馈电（V to G）可在电网高负荷运转的用电高峰期向电网输送电力，可在电网低负荷运转的用电低谷期从电网取电，从而能起到稳定电网的作用；同时车主能够获得相应的差额收益。

2. 发展前景

目前，部分汽车上使用了上述部分功能，常见的是车对车充电（V to V）和车对负载供电（V to L）。车对电网馈电（V to G）还处于计划或试点阶段。例如：2019 年 4 月，施耐德电气有限公司与合作伙伴合力运营了 GreenLys 项目。在这个法国首个全面智能电网示范项目中，电动车辆被视为灵活的储能单元，在需要时可以重新接入电网，让电网可以使用电动汽车的储能功能；2019 年 5 月，通用汽车公司和本田公司表示在合作开展一项新的研究项目，旨在实现未来电动车和智能电网的协同工作，以及探讨车主将电动车的储能特性作为新的收入来源的可能性；日产能源公司与美国电网系统公司（Fermata Energy）合作计划使用 Leaf 电动汽车为家庭、企业和电网供电。

虽然目前国内车企大多拥有 V to G 相关技术储备，但并没有相应的产品在售。随着国内电力市场环境的改善和相关政策的落地，电动汽车这个时空不定的移动储能载体将很快随着"泛在电力物联网"等技术的突破得到广泛应用。

3. 比亚迪 E5 的放电功能

比亚迪 E5 的放电功能包括车对车充电（V to V）、车对负载供电（V to L）和车对电网馈电（V to G），如图 2-1-13 所示。目前车对电网馈电（V to G）功能暂未开放。

图 2-1-13　比亚迪 E5 的放电功能

拓展阅读

五、北汽 EV160 的远程控制系统

1. 北汽远程控制系统的组成

北汽远程控制系统包括车载终端、远程控制平台（云钥匙用户服务网、in COM 基础数据

平台等）、手机应用程序。其拓扑结构如图 2-1-14 所示。

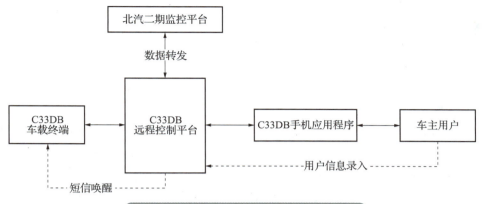

图 2-1-14　北汽远程控制系统拓扑结构

2. 车载终端

北汽 EV160 纯电动汽车的车载终端由一根天线和一个数据记录仪组成。车载终端用天线如图 2-1-15 所示，车载终端用数据记录仪如图 2-1-16 所示。

图 2-1-15　车载终端用天线

图 2-1-16　车载终端用数据记录仪

车载终端能够与整车控制器（VCU）通过 CAN 总线进行通信，服从 VCU 的控制命令，获取整车的相关信息。其功能如下。

1）定位功能：车载终端能够用 GPS 对车辆进行定位。

2）黑匣子功能：车载终端将在本地保存车辆最近运行一段时间的数据，作为"黑匣子"提供车辆故障或事故发生前的数据信息。存储的数据可由分析处理软件读取和分析。

3）数据传输功能：车载终端能够将信息按照规定的时间和数据量，以无线通信（GPRS）的方式发送到监控平台。因此，即便是车载终端用 SD 卡本身因为某些原因损坏而无法读取数据，也可以在北汽监控平台上找到这些数据。

4）盲区补传：车载终端支持在通信网络不畅的情况下，自动将数据保存至采集终端 Flash 存储区内，待网络正常后，自动/人工将数据上传至服务平台。

5）自检功能：当检测到 GPS 模块故障、主电源故障等会主动上报警情到监控中心，辅助设备进行检修。

6）远程升级：支持远程自动升级功能，自动接收来自服务平台的升级指令完成软件升级，大大节省了维护成本。必要情况下,借助车载终端可对车辆通过 CAN 协议进行软件升级。

3. 手机应用程序

手机应用程序的功能包括查看车辆状态、车辆控制、爱车体检、位置服务、意见反馈、设置等。

(1) 查看车辆状态

车主登录手机应用程序后,在车辆在线时可以查看车辆的实时状态(图 2-1-17),包括当前总里程、剩余电量、续航里程、电芯最高/低温度,以及是否充电、空调状态。

如果车辆当前正在充电,则可以查看充电剩余时间,电池图标会动态地变化以显示正在充电。如果 SOC 达到 95%,则会自动弹屏提示即将充电充满;如果 SOC 达到 98%,则自动弹屏提示充电已充满。另外,充电状态和空调状态发生变化时(如设置了定时充电或定时空调开启功能),也会弹屏提示。

(2) 车辆控制

车辆控制界面如图 2-1-18 所示。车主可以对自己的车辆进行空调控制和充电控制,分别包括定时控制和远程控制,控制结果会通过弹屏反馈至界面;也可以查询所有的控制操作记录。

图 2-1-17 车辆状态界面

图 2-1-18 车辆控制界面

车主可以远程打开空调,可以选择空调类型和开启时长,如图 2-1-19 所示。

图 2-1-19 远程空调控制

当空调处于开启状态时,可以远程关闭空调。远程充电控制的操纵过程与此类似。

(3) 爱车体验

车主可以对自己车辆进行体检,系统会根据制定的打分策略,按照目前已发生且还未结束的故障进行分数计算，不同级别的分数以不同颜色显示，如图 2-1-20 所示。

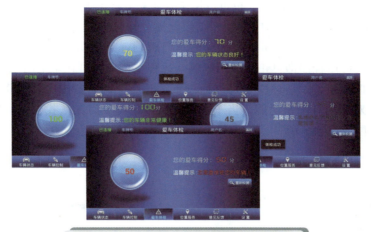

图 2-1-20　不同分数时的爱车体验界面

（4）位置服务

如果在云钥匙服务网中设置的位置服务是开启状态，则车主可以在手机应用程序中查询车辆现在的位置及人车直线距离，以便于寻找车辆，如图 2-1-21 所示。

图 2-1-21　位置服务功能

六、比亚迪云服务

比亚迪云服务是指：将汽车通过车载终端接入互联网（车载终端安装在行李舱右侧护板下，比亚迪 E5 车载终端的位置如图 2-1-22 所示），通过手机、PC 等终端实现人与汽车的互动，实现车辆使用数据监测、位置服务、车辆控制、车辆状态监测等功能，如图 2-1-23 所示。

车辆使用数据方面，主要显示电量数据、续航里程数据、最近 50km 能耗数据、当前总里程等，如图 2-1-23 所示。

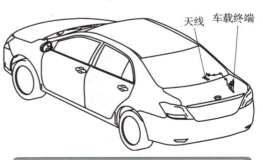

图 2-1-22　比亚迪 E5 的车载终端与天线

位置服务功能是指通过应用程序可实时定位自己车辆的位置，并且显示人（安装云服务应用程序的手机）和车辆的直线距离，也可以用于查看充电桩位置。

车辆控制方面，目前提供了车门解锁、车门上锁、开启空调、关闭空调、预约开空调、闪灯鸣笛6项功能，如图2-1-24所示。远程的车门解锁、上锁功能适用于车主忘记带车钥匙的情况，车主通过应用程序即可正常使用车辆。远程空调功能可在车主用车前远程开启空调，保证其进入车内时温度舒适。车主也可以通过预约开启空调设置按比较规律的时间来进行空调的自动开启。对于闪灯鸣笛功能，当车主在大型停车场一时无法找到车辆准确位置时，启动该功能可以方便地找到车辆。

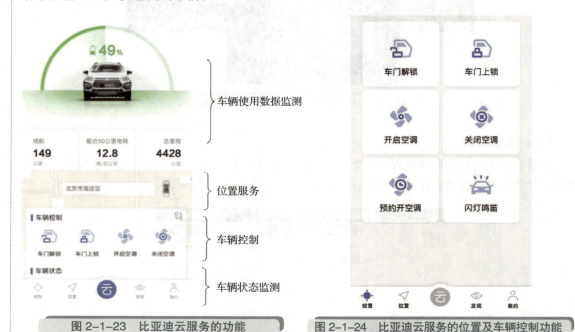

图 2-1-23　比亚迪云服务的功能　　　　图 2-1-24　比亚迪云服务的位置及车辆控制功能

车辆状态功能可监控车门状态，也检测各安全系统（驻车制动、电子驻车、ABS、SRS、ESP、转向系统）、充电系统及动力系统是否异常，还可查看OK指示灯、整车状态、车速、电源挡位等状态，如图2-1-25所示。

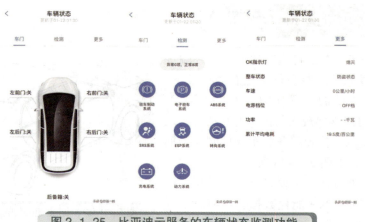

图 2-1-25　比亚迪云服务的车辆状态监测功能

实践操作

七、仪表盘指示功能

车辆仪表盘的主要作用是为驾驶员提供车辆状态信息及车辆故障信息。车辆状态信息主要包括：①整车动力系统状态，如动力电池剩余电量、车辆续驶行驶里程等；②车辆行驶状态，如挡位信号、车速、车辆灯光系统的工作情况等。车辆故障信息主要包括系统故障灯和部件故障灯的状态等。另外，仪表盘还具有提示驾驶员的功能，不仅能以指示灯的形式进行提示（如充电提醒灯、室外温度提示灯、安全带未系提示灯等），而且能在必要的时候以声音报警和文字报警的形式进行提示。

比亚迪 E5 纯电动汽车的仪表盘如图 2-1-26 所示。

图 2-1-26 仪表盘

1—驱动电机功率表；2—信息显示屏；3—车速表

（1）驱动电机功率表。驱动电机功率表显示当前模式下整车的实时功率。功率表默认用"kW"来指示整车的功率，可通过菜单中的单位设置选择"HP"。在车辆下坡时或缓慢行驶时，功率指示值可能为负值，表示当前车辆正在给动力电池充电。

（2）车速表。当电源挡位处于 OK 位置时，车速表指示当前车速值。车速表默认以"km/h"来指示整车的车速，可通过菜单中的单位设置选择"MPH"。

（3）信息显示屏。信息显示屏显示的信息包括电量、里程信息、挡位指示、室外温度、时钟信息、背光调节挡位提示、调节菜单、行车信息、提示信息、故障信息。

指示灯及其含义如表 2-1-2 所示。例如，当车辆挡位正常时，挡位指示图标常亮，而当车辆挡位故障时，挡位指示图标则会闪烁；系统故障灯呈红色表示一级故障，呈黄色表示二级故障。仪表盘显示的信息不仅可以用来提示驾驶员正确操纵车辆，而且可以用来对车辆故障进行初步判断。

表 2-1-2 指示灯及其含义

指示灯	含义	指示灯	含义
	驻车制动故障警告灯*		ESP OFF 警告灯（装有时）
	驾驶员座椅安全带指示灯*		防盗指示灯
	充电系统警告灯*		主告警指示灯*
	前雾灯指示灯	ECO	ECO 指示灯（装有时）
	后雾灯指示灯		动力电池电量低警告灯
	智能钥匙系统警告灯*		动力电池故障警告灯*
	ABS 故障警告灯*		胎压故障警告灯（装有时）*
	电机冷却液温度过高警告灯		电子驻车状态指示灯
	ESP 故障警告灯（装有时）*	OK	OK 指示灯
	车门状态指示灯*		动力系统故障警告灯*
	SRS 故障警告灯*		动力电池过热警告灯*
	EPS 故障指示灯		动力电池充电连接指示灯
	小灯指示灯		巡航主指示灯（装有时）
	远光灯指示灯	SET	巡航控制指示灯（装有时）
	转向指示灯		

注：带有"*"标记的是保养提示指示灯。

电量表、里程信息、挡位指示等信息如图 2-1-27 所示。整车电源挡位处于 OK 位置时，电量表指示当前车辆动力电池预计剩余的电量。如果动力电池电量低警告灯点亮，同时信息显示屏显示"请及时充电"，则表示当前动力电池电量低，需要尽快对动力电池充电。

里程表显示车辆已行驶的里程数，比亚迪 E5 有"里程一""里程二"两个里程显示表，表示：显示将两个短距离里程表设定为零以来的不同行驶里程数。

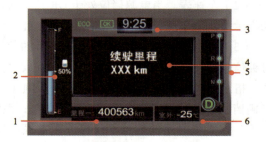

图 2-1-27 电量表、里程信息、挡位指示等信息

1—里程表；2—电量表；3—时间；4—续驶里程；
5—挡位指示；6—室外温度

变速杆在某位置时，显示相应的挡位指示。

续驶里程信息包括续驶里程、平均电耗（kWh/100km）、平均车速、行驶时间、低速提示音、能量流观察等信息及菜单栏（菜单栏如图2-1-28所示）。

通过转向盘上的"确定"键（图2-1-29）可以进入或确定选定的菜单项。菜单包括"时间""保养""背光""个性化""恢复出厂设置"和"退出"。

图2-1-28 菜单栏

图2-1-29 转向盘上的"确定"键和"选择"键

通过转向盘上的"选择"键可以选择不同的菜单。进入"保养"菜单可以设定保养里程；进入"背光"菜单可以调节背光亮度、颜色等；进入"个性化"菜单可以进行语音、低速提示音、门自动落锁、车窗控制、能量回馈强度、充电口电锁工作模式等的设置。

八、读取数据流和主动测试

1. 读取绝缘电阻及接触器状态

使用解码器进入比亚迪E5的诊断功能，然后进行以下操作：控制单元→动力模块→电池管理系统水冷→读数据流→数据流，如图2-1-30所示。

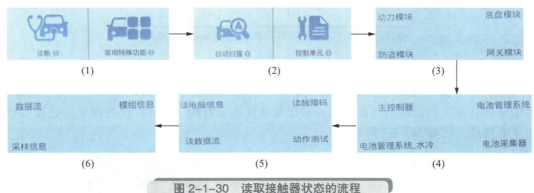

图2-1-30 读取接触器状态的流程

读取绝缘电阻（9211kΩ）、预充状态（预充完成）、主接触器状态（吸合）、负极接触器状态（吸合）、预充接触器状态（断开）、充电接触器状态（断开）、正极接触器状态（吸合），如图2-1-31所示。

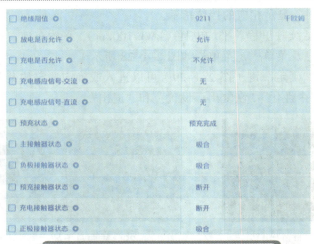

图 2-1-31　绝缘阻值及接触器状态

2. 电子驻车系统主动测试

使用解码器进入比亚迪 E5 的诊断功能，然后进行以下操作：控制单元→底盘模块→电子驻车系统→动作测试→元件动作测试 1，如图 2-1-32 所示。

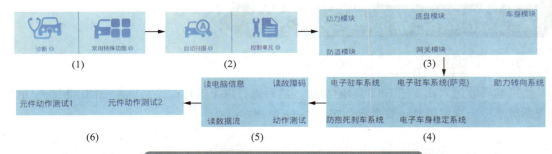

图 2-1-32　对电子驻车系统进行主动测试的流程

进入"元件动作测试 1"菜单后，可以进行"停止驱动器""装配位置""力标定""拉起""释放"和"EPB 初始化"等设置。选择"拉起"菜单或"释放"选项，元件开始动作，此时能听到驻车电机动作的声音，元件动作测试界面会有相应显示，仪表盘上也会显示与之相对应的信息，如图 2-1-33 所示。

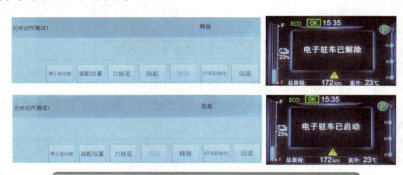

图 2-1-33　电子驻车系统主动测试及相应的仪表显示

九、放电测试

比亚迪 E5 有 3 种放电模式：车对车充电（V to V）、车对负载供电（V to L）、和车对电网馈电（V to G），目前能进行放电测试的有车对车充电（V to V）和车对负载供电（V to L）。下面以车对负载供电（V to L）为例进行放电测试。

保证点火开关处于关闭状态，按下"放电"键（位于扶手箱上，如图 2-1-34 所示）。此时仪表盘显示 VTOL、VTOV 和 VTOG 三个选项，如图 2-1-13 所示。

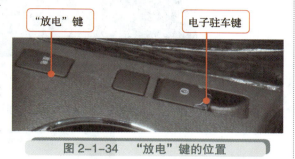

图 2-1-34　"放电"键的位置

选择 VTOL，按下转向盘上的"确定"键；此时仪表盘显示选择用电设备界面，如图 2-1-35 所示。

图 2-1-35　选择用电设备界面

选择"单相设备"选项，并按下转向盘上的"确定"键，仪表盘显示："请在 10 分钟内连接相应模式的放电枪"，如图 2-1-36 所示。

图 2-1-36　连接单相放电枪界面

打开充电舱门，将单相设备连接到交流慢充口，仪表盘显示"车辆对外放电连接中，请稍候"；放电连接成功后，仪表盘显示当前 SOC、放电电量和放电模式，如图 2-1-37 所示。

图 2-1-37 对负载放电时的仪表盘界面

测量放电插座电压，约为220V（交流）；此时可以连接常见家用电器，如图2-1-38所示。

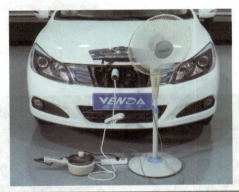

图 2-1-38 用单相放电设备给常见家用电器供电

任务小结

1. 整车工作模式分为3种：充电模式、驱动模式和紧急下电模式。其中，充电模式优先于驱动模式。
2. 比亚迪E5的上下电控制策略的特点为BMS控制总正接触器（动力电池正极接触器）的通断、总负接触器（动力电池负极接触器）的通断、主接触器的通断和预充接触器的通断，即所有的接触器都由BMS控制。
3. 纯电动汽车能量管理包括SOC的估算、能量管理控制策略、再生制动能量回收等。
4. 能量管理控制策略：基于续驶里程的能量管理控制策略和基于动力电池使用寿命的能量管理策略。
5. 纯电动汽车常见的异常情况有电机过温、电池过温、电池过放、电池过充等。

整车驱动控制功能测试

任务导入

假如你是比亚迪新能源4S店的一名车辆销售人员,某顾客打算购买一辆比亚迪EV450电动汽车,询问驾驶这辆车与驾驶燃油车有什么区别,会不会开车过程中突然就没电了。你能正确解释吗?

学习目标

1. 能够迅速切换运动模式和经济模式。
2. 能够知道电动汽车与燃油车在驱动模式上的区别。
3. 能够进行换挡测试。
4. 能够进行跛行模式测试。
5. 能够掌握动力电池电量低时的控制策略。

理论知识

一、纯电动汽车动力装置的特性

从车辆的角度来说,理想的动力输出特性曲线应是在全车速范围内可以保持恒功率输出,输出转矩随车速的上升呈双曲线趋势下降,如图2-2-1所示。在低速时,转矩被限制为一个恒值,最大附着力由轮胎与地面接触面间决定,为了防止车轮打滑,这个恒值不能超过最大附着力。动力装置的恒转矩特性可以在低速时提供高牵引力,满足车辆在加速、超车或是爬坡等行驶路况的需求。

迄今为止,内燃机和电动机仍然是汽车上较普遍的动力提供装置。但是内燃机的转矩-转速特性(图2-2-2)通常和汽车牵引力所要求的理想运行特性有一定的差距,它能够平稳地运行在怠速状态，通常到达中间速度时可以输出最大转矩，若进一步增加转速，进气管中的损耗增加，使平均有效压力降低，输出转矩减小。与汽车理想的转矩-转速曲线相比，内燃机只是具有相对平滑的转矩-转速曲线。因此，在传统燃油车辆上安装多挡变速器的目的是让内燃机的转矩-转速曲线向理想曲线靠拢，如图2-2-3所示。

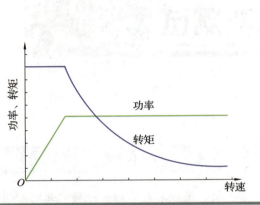

图2-2-1 用于车辆牵引动力装置的理想运行特性曲线　　图2-2-2 汽油机外特性中的功率-转矩特性曲线

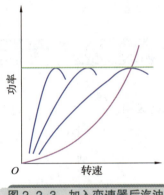
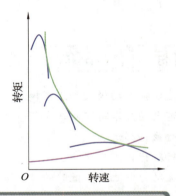

图2-2-3 加入变速器后汽油机外特性中的功率-转矩特性曲线

电动机通常具有很逼近汽车理想运行特性的转矩-转速输出特性，如图2-2-4所示。通常电动机由零转速起动，在基速以下采用电压控制，可以保持恒转矩输出。当转速增加到其基速时，电压增至其额定值，而磁通保持为常值。当转速超过基速后，电压保持为常值，而磁通被削弱，这就能保证输出功率恒定，而转矩随转速呈双曲线形下降。

转矩、转速和功率三者的关系为

$$P = \frac{Tn}{9550} \qquad (2-2-1)$$

式中：P 为电机输出功率（kW）；T 为电机输出转矩（N·m）；n 为电机转速（r/min）。

从式（2-2-1）可以看出，当电机输出功率恒定时，电机输出转矩随着转速的下降而增大，接近理想特性。因为电动机的转速-转矩特性逼近理想的运行特性，所以采用单挡或双挡传动装置即可满足车辆运行性能的需要。

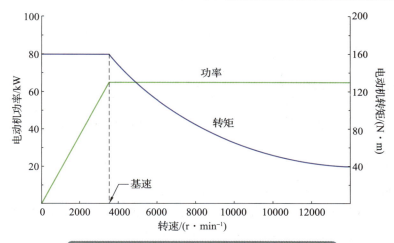

图 2-2-4　用于牵引的电动机典型运行工况

二、驾驶员意图识别

驾驶员驾驶汽车时，会根据当前行驶工况、周围环境及当前车辆的行驶状态做出判断，然后对转向盘、加速踏板、制动踏板进行操作，表达转弯、加速、减速或速度保持等意图，这个过程就是驾驶行为。驾驶过程进而形成了人－车－环境闭环，如图 2-2-5 所示。因此，在纯电动汽车运行时，整车驱动控制策略能否快速准确地识别出驾驶员的驾驶意图并计算驾驶员的需求转矩，直接关系纯电动汽车驱动控制策略的控制效果，进而影响整车的动力性和经济性。

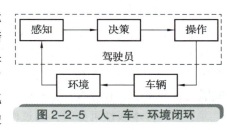

图 2-2-5　人－车－环境闭环

1. 驾驶意图识别的方法

驾驶意图识别的方法主要有统计模式识别、模糊模式识别、人工神经网络等。

（1）统计模式识别

统计模式识别是针对模式的统计分类方法，即结合统计概率论的贝叶斯决策系统进行模式识别的技术，又称为决策理论识别方法。统计模式识别理论体系较为成熟，但要依靠概率统计模型计算得到各个特征向量的分布才能应用到识别分类中实现模式识别分类的功能。

（2）模糊模式识别

模糊模式识别可以应用在非线性识别的场合。首先将待识别参数和模糊推理的结果模糊化，然后通过观察待识别参数隶属于每一部分集合的程度得到模式识别的结果，所以很难得到确定的结果。

模糊模式识别是以加速踏板开度及其变化率、SOC、车速为主要输入参数，利用模糊控制来确定车辆目标转矩，如图 2-2-6 所示。

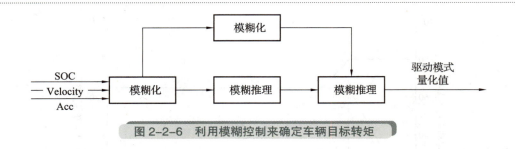

图 2-2-6 利用模糊控制来确定车辆目标转矩

（3）人工神经网络

人工神经网络是模仿人类大脑思维方式构建的一种数学模型，有自适应、自学习、计算和记忆等功能。神经网络不依赖于对象模型，可以自学训练网络，有很强的鲁棒性，同时便于计算机模拟，利用计算机构建输入层、隐层和输出层的典型的神经网络结构，进而进行分布式信息处理。然而，它的设计和实现缺乏成熟的理论基础，主要通过经验来实现。

2. 常见驾驶意图识别的模型

（1）支持向量机

支持向量机（Support Vector Machines）是一种二分类模型，其目的是寻找一个超平面以对样本进行分割，分割的原则是间隔最大化，最终转化为一个凸二次规划问题来求解。由简至繁的支持向量机模型包括线性可分支持向量机（硬间隔支持向量机）、线性支持向量机（软间隔支持向量机）和非线性支持向量机。

当训练样本线性可分时，通过硬间隔最大化，学习一个线性可分支持向量机；即找到一个线性函数将样本分开（在二维空间中就是一条直线，如图 2-2-7 所示；在三维空间中就是一个平面），这个线性函数称为超平面。

当训练样本近似线性可分时（通常情况下样本集中会存在一些异常点，而这些异常点会导致训练集线性不可分，但除去这些异常点之后，剩下的样本就是线性可分的，如图 2-2-8 所示），通过软间隔最大化，学习一个线性支持向量机（软间隔支持向量机）。

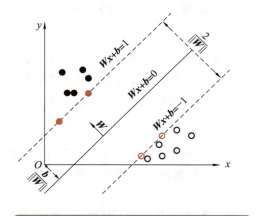

图 2-2-7 样本线性可分时的支持向量机

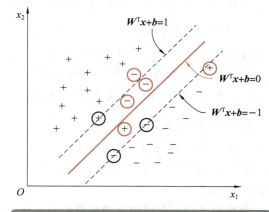

图 2-2-8 样本近似线性可分时的支持向量机

当本身的数据就是非线性的，根据相关理论，对于低维度空间线性不可分问题，一般将其映射到高维度空间，使其线性可分。在进行驾驶意图分析过程中遇到的就是此类数据。在进行驾驶意图分析时，首先要将原始空间中线性不可分的驾驶意图参数通过核函数 $k(\boldsymbol{x}_i, \boldsymbol{x}_j)$ 映射到高维空间，使其线性可分；然后在高维空间中构造分类超平面，如图2-2-9所示。令 $\phi(\boldsymbol{x}_i)$ 表示为将 $\boldsymbol{x}_i$ 映射后的特征向量，于是在特征空间中，划分超平面所对应的模型可以表示为

$$f(\boldsymbol{x}_i) = \boldsymbol{W}^{\mathrm{T}} \phi(\boldsymbol{x}_i) + c \qquad (2\text{-}2\text{-}2)$$

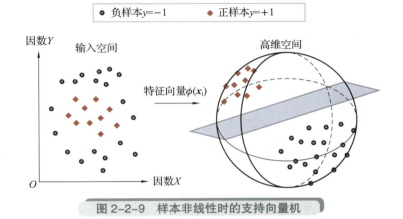

图 2-2-9　样本非线性时的支持向量机

（2）隐马尔可夫模型

除了支持向量机以外，隐马尔可夫模型（Hidden Markov Model，HMM）也是一种比较常见的驾驶员意图识别模型。隐马尔可夫模型（HMM）是一种统计分析模型，作为一个双随机过程，由两部分组成：马尔可夫链和一般随机过程。前者采用转移概率描述状态的转移，后者采用观察值概率描述状态和观察序列间的关系。

隐马尔可夫模型（HMM）可以用五个元素来描述，包括2个状态集合（隐含状态 S、可观测状态 O、初始状态概率矩阵 $\boldsymbol{\pi}$）和3个概率矩阵（隐含状态转移概率矩阵 $\boldsymbol{A}$ 和观测状态转移概率矩阵 $\boldsymbol{B}$）。

1）隐含状态 S：这些状态之间满足马尔可夫性质，是马尔可夫模型中实际所隐含的状态。这些状态通常无法通过直接观测而得到，如 S_1、S_2、S_3。在驾驶员意图分析中，隐含状态就是驾驶员意图。

2）可观测状态 O：在模型中与隐含状态相关联，可通过直接观测而得到，如 O_1、O_2、O_3 等，可观测状态的数目不一定要与隐含状态的数目一致。在驾驶员意图分析中，可观测状态就是驾驶员的行为。

3）初始状态概率矩阵 $\boldsymbol{\pi}$：表示隐含状态在初始时刻 $t=1$ 时的概率矩阵，（如 $t=1$ 时，$P(S_1)=p_1$、$P(S_2)=p_2$、$P(S_3)=p_3$、…，则初始状态概率矩阵 $\boldsymbol{\pi}=[p_1, p_2, p_3, \cdots]$。

4）隐含状态转移概率矩阵 $\boldsymbol{A}$：描述 HMM 模型中各个状态之间的转移概率。其中，$A_{ij}=P(S_j|S_i)$，表示在 t 时刻、状态为 S_i 的条件下，在 $t+1$ 时刻状态是 S_j 的概率。

5）观测状态转移概率矩阵 $\boldsymbol{B}$：令 N 代表隐含状态数目，M 代表可观测状态数目，则

$B_{ij} = P(O_i|S_j)$ 表示在 t 时刻、隐含状态是 S_j 条件下，观察状态为 O_i 的概率。

可以用 $\lambda = (A, B, \pi)$ 三元组来简洁地表示一个隐马尔可夫模型，用于驾驶员意图解析时，用解码算法（Viterbi）求出模型参数 λ_i 对输出驾驶行为序列 S 的输出概率 $P(S|\lambda_i)$，然后选择所有模型中输出概率最大的作为驾驶意图识别结果。

三、驱动控制策略的研究现状

驱动控制策略的基本思想是通过采集驾驶员信息，对驾驶员意图进行识别，根据车辆的行驶状态等对电机进行间接控制，达到驾驶意图。目前对驱动控制策略的研究主要集中在对驱动转矩的计算、分配，以及在不同的工况、模式下的控制。

1. 双参数控制

一般根据驾驶员的驾驶意图可将车辆驱动模式划分为动力模式、一般模式、经济模式。在不同的模式下，通过控制加速踏板开度（$S_{\text{acc\_pedal}}$）和电机转矩负荷系数（L）之间的不同的函数关系来对电机转矩进行控制，这样就可以满足驾驶员的不同需求，如图 2-2-10 所示。A 曲线称为硬踏板加速曲线，对应动力驱动控制策略；B 曲线称为线性踏板加速曲线，对应一般驱动控制策略；C 曲线称为软踏板加速曲线，对应经济驱动控制策略。在这 3 种类型下，加速踏板的同一开度对应不同的电机转矩负荷系数。

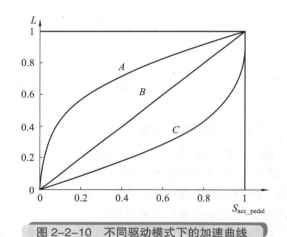

图 2-2-10 不同驱动模式下的加速曲线

A—硬踏板加速曲线；B—线性踏板加速曲线；C—软踏板加速曲线

电机的输出转矩可通过式（2-2-3）计算得到，即当前加速踏板开度对应的电机转矩负荷系数与当前电机转速下电机的最大输出转矩的乘积。

$$T_W = LT_{q\text{-max}} \quad (2\text{-}2\text{-}3)$$

式中：$T_{q\text{-max}}$ 为在该转速下电机的最大输出转矩；T 为电机驱动转矩。

双参数控制因控制思想简单可靠，得到了比较广泛的应用。

2. 多参数控制

多参数控制即将电机驱动转矩表示为一个关于加速踏板开度及其变化率、电机状态、电池状态和车速等信息的数学表达式，如式（2-2-4）所示。

$$T_W = f(\text{AccPedal}, \text{AccPedal}', \text{BrakePedal}, n, \text{Temp}, U, \text{SOC}, \text{IB}, v, \text{Gear}) \quad (2\text{-}2\text{-}4)$$

式中：AccPedal 为加速踏板开度；AccPedal′ 为加速踏板开度变化率；BrakePedal 为制动踏板开

度；n 为电机转速；Temp 为电机温度；U 为动力电池组电压；SOC 为动力电池组剩余电量；I_B 为动力电池母线电流；v 为车辆行驶速度；Gear 为挡位信息。

其基本思想是利用加速踏板开度与电机转矩负荷系数之间的函数关系，在此基础上加入转矩补偿、转矩限制、转矩平滑等进行控制。

3. 按实际行驶工况分别控制

按照车辆的运行状态，一般可将汽车的行驶工况划分为起步、加速、减速、制动和停车等多种工况，针对每种工况的不同工况特性，分别制定不同的控制策略。在起步、加速、减速工况，根据电机的输出特性将驱动控制策略分为恒转矩控制策略和恒功率控制策略。

目前电动汽车驱动控制往往是将以上几种常见控制策略结合运用并加以优化处理，比较常见的是先把汽车的驱动模式分为动力模式和经济模式，然后在动力模式和经济模式下分别进行分工况控制。

四、驾驶模式

在传统内燃机汽车上，部分 SUV、运动型汽车、高级汽车配有驾驶模式选择功能，通常有"舒适""运动"和"自动"3 种模式。处于舒适模式时，悬架较软，转向盘较轻便，发动机转速维持在较低水平，即舒适模式是追求舒适、稳定、低油耗的一种运行模式。处于运动模式时，悬架较硬，转向盘更稳重和准确，发动机转速较高，即运动模式时加速踏板响应迅速、加速快，但油耗较高。

纯电动汽车的驾驶模式大部分是经济模式（Economy）和运动模式（Sport），如吉利 EV450，其模式选择按键位置如图 2-2-11（a）所示；也有 L（长程模式）、E（经济模式）和 S（运动模式），如江淮 IEV6，其模式选择旋钮如图 2-2-9（b）所示；混合动力汽车的驾驶模式有 E（经济模式）、N（普通模式）、S（运动模式），如荣威 IEV6，其模式选择按键位置如图 2-2-12 所示。

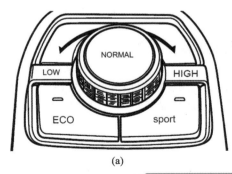
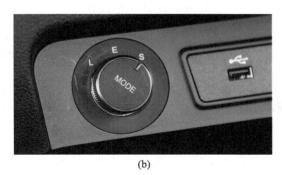

(a) (b)

图 2-2-11 不同车辆驾驶模式选择按钮

（a）吉利 EV450 的模式选择按键；（b）江淮 IEV6 的模式选择旋钮

比亚迪 E5 的驾驶模式包括普通模式和经济（ECO）模式，可以通过 ECO 按钮（图 2-2-13）来实现驾驶模式的切换，当进入 ECO 模式时，仪表盘显示 ECO 字样。

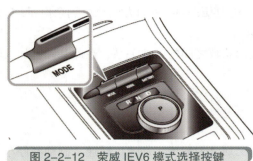
图 2-2-12 荣威 IEV6 模式选择按键

图 2-2-13 比亚迪 E5 的 ECO 按钮

五、驱动模式分析

1. 驱动模式控制逻辑

根据纯电动车的驻车挡（P）、倒挡（R）、空挡（N）、前进挡（D）四个挡位，结合加速踏板信号和制动踏板信号，将电动汽车的运动状态分为 6 种运行模式，分别是车辆起动模式、起步模式、正常驱动模式、能量回馈模式、跛行模式和空挡模式，如图 2-2-14 所示。

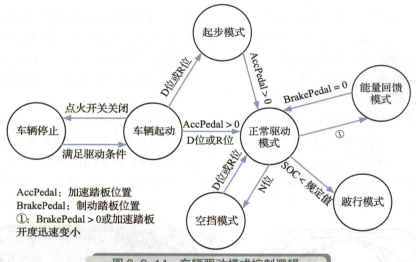

AccPedal：加速踏板位置
BrakePedal：制动踏板位置
①：BrakePedal > 0 或加速踏板开度迅速变小

图 2-2-14 车辆驱动模式控制逻辑

工作时，整车控制器收集开关信号、加速踏板信号、制动踏板信号、挡位信号和 SOC 等相关信息并进行处理，通过运算选取相应的控制策略，从而控制驱动电机以合适的转矩输出。

（1）车辆起动模式

踩下制动踏板并将钥匙开关置于 ON 位置，挡位信号为 P 位；通过自检，没有故障；此时正常控制器执行上电请求命令，给电机控制器、DC/DC、高压附属器件等上电；完成高压上电后，仪表显示 Ready 灯亮，完成启动模式。

（2）起步模式

起步模式是指车辆已经起动，挡位为 D 位或 R 位，加速踏板开度为零的运行模式。此时整车控制器发送给电机控制的转矩指令为起步小转矩。该转矩的主要功能如下：如果在平直路面上行驶，则可以使车辆保持一个恒定起步速度前行；如果在坡道上，则防止起步时车辆倒溜。在起步模式下，车辆最终以恒定速度行驶，并且车速有一个最大值，若车速超过这个值，则电机停止转矩的输出。

（3）正常驱动模式

正常驱动模式是指车辆处于驱动使能状态下，整车动力系统能够无故障运行，保障车辆正常行驶。此时整车控制策略根据驾驶员意图（加速踏板信号及挡位信号）、车辆状态（车速和SOC等信号）来确定发送给电机控制器的转矩指令，从而保证车辆正常行驶。在正常驱动模式下，出于行车安全考虑有最高车速限制。

（4）能量回馈模式

能量回馈模式是指车辆在运行时制动信号有效（或加速踏板开度迅速减小），并且车速大于一定值，对车辆的动能进行回收。电机既可以作为电动机又可以作为发电机，根据这一优点，电动汽车通过电机的发电状态，有效吸收车辆在减速时浪费的动能。电机将汽车的动能变为电能给动力电池充电。这在一定程度上能增加能量的利用率，并提升电动汽车的续驶里程。

（5）空挡模式

空挡模式是指挡位为N位时，整车控制器发动给电机控制器的转矩指令为：电机处于自由状态，电机随着驱动轮转动。传统燃油汽车的发动机空挡时处于怠速状态，这部分燃油是不做功的，因此在堵车或等候交通信号灯时，汽车处于怠速停车状态，降低了整车的能量利用率。同时，怠速时，燃油燃烧不充分，还造成了比较大的环境污染，而电动汽车不存在这方面的缺点。

（6）跛行模式

在电动汽车正常行驶状态下，当电池SOC低于规定值，但是还可以满足车辆继续缓慢行驶时，整车控制器切断汽车的空调等附件的能量供应并控制驱动电机输出相对应转矩，保证汽车缓慢行驶到附近区域充电站。这种驱动模式称为跛行模式或跛行回家模式。

还有一种情况会触发跛行模式：当整车动力系统出现非严重故障时，车辆还可以继续行驶而不需要紧急停车，整车控制器根据故障等级，对需求转矩进行限制，输出转矩维持车辆慢行到附近维修站。这种情况下的跛行模式是一种失效保护。

综上所述，起步模式和正常驱动模式下，电机输出的转矩为驱动力矩；制动能量回馈模式下，电机输出的转矩为制动力矩；空挡模式下，电机不输出转矩；失效保护模式下，电机输出的转矩为驱动力矩，它和起步模式、正常驱动模式的区别在于电机输出转矩的大小、变化率有限制。整车驱动控制策略主要包括起步模式和正常驱动模式，因为两个模式是负责车辆进行前进、倒车的基本驾驶功能。

2. 起步模式和正常驱动模式分析

起步模式和正常驱动模式下，电机的输出转矩为驱动力。由图2-2-4可知，电机在低转速区（转速低于基速），电机具有恒转矩特性；在高转速区（转速高于基速），电机具有恒功率特性。基于电机的这两个特性，在电机输出转矩作为驱动力矩时可以分为恒转矩驱动控制和恒功率驱动控制这两种方式，如图 2-2-15 所示。

（1）加速踏板开度一定时的驱动转矩

起步模式和正常驱动模式均采用恒转矩驱动控制和恒功率驱动控制这两个核心控制方法。两者的共同点在于都限制最高车速，不同点在于起步模式的输出转矩是固定的，是事先确定好的，但是可以进行标定修改，而正常驱动模式的输出转矩主要由加速踏板决定。

（2）加减速时的驱动转矩

在实际运行过程中，由于路况的不同，驾驶员需随时操作加速踏板。此时驾驶员希望车辆能够随时加速或减速来满足当前行驶需求，但是电机控制系统的响应可能会有不同程度的延迟，这会造成转矩突变而导致"耸车"。

为了让电机转矩过渡平滑、自然，同时让车辆取得较好的动力性和舒适性，那么随着车速和加速踏板开度值，则在整车控制器的规划下，电机的输出转矩会有4种过渡状态，分别是恒转矩过渡状态、恒功率过渡状态、恒转矩转恒功率过渡状态和恒功率转恒转矩过渡状态，如图 2-2-16 所示。在此过程中，将加速踏板的变化率考虑在内，将前一时刻电机实际输出的转矩或功率作为反馈信号，保证实际输出转矩的平滑过渡。

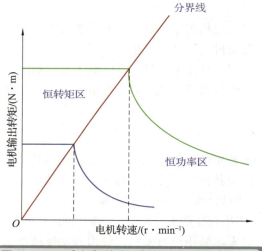

图 2-2-15　电机恒功率、恒转速控制区示意图

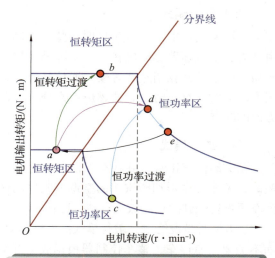

图 2-2-16　电机的输出转矩的四种过渡状态

拓展阅读

六、电动汽车驱动装置

电动汽车驱动装置主要包括电机控制器、驱动电机、机械传动装置和车轮等。其作用是将储存在动力电池中的电能高效地转化为车辆的动能，并能够在车辆减速制动时将车辆的动能转化为电能充入动力电池。

电机控制器按照 VCU 的指令和电机的速度信号、电流信号等反馈信号，对电机的转速、转矩和旋转方向进行控制。驱动电机在电动汽车中要承担电动机和发电机的功能，即正常行驶时发挥电动机功能，将电能转化为机械能，在减速、下坡时又要发挥发电机的作用，将机械能转化为电能。机械传动装置通常由减速器（或变速器）和差速器组成，其作用是将驱动电机的转矩减速增扭后传递给驱动车轮。

根据驱动电机及机械传动装置的布置形式，纯电动汽车的驱动方式可以分为如下几种。

（1）传统的驱动模式

与传统汽车驱动系统的布置方式一致，配置有多挡传动装置和离合器，只是将发动机换成电动机，如图2-2-17（a）所示。这种布置可以提高电动汽车的起动转矩，增加低速时电动汽车的后备功率。

（2）电机-驱动桥组合驱动模式

根据电机的特性，可以直接采用具有固定速比的减速器，因此整个驱动结构不存在换挡问题，从而舍去了离合器，如图2-2-17（b）所示。为了进一步简化驱动系统，可以将驱动电机、减速器及差速器进行集成，将集成后的部件直接连接到驱动轴上，如图2-2-17（c）所示。

这种方式要求电机有较大的起动转矩和较大的后备功率，以保证电动汽车的起步、爬坡、加速超车等动力性要求。

（3）双电机式驱动模式

将一个电机集中驱动变为两个电机分别驱动，如图2-2-17（d）所示。两个电机分别驱动保证了两侧车轮可以在同一时刻具有不同的转速，因此可以省去传统的差速器。为了更好地利用空间，可以将电机放在车轮上进行轮式驱动，采用轮边减速器对电机的输出进行减速增扭，如图2-2-17（e）所示。

这种传动方式除了对电机有较高的要求外，还要求电机控制系统有较高的控制精度及可靠性，从而保证电动汽车行驶安全。

（4）轮毂电机式驱动模式

去掉所有的机械传动装置，直接将电机内置于车轮，如图2-2-17（f）所示。这样可以最大限度地简化整车结构，提高空间利用率，减轻整车质量，还可以提高传动效率。然而，这种布置对电机集成度要求高，对电机的设计要求也更为苛刻，增加了汽车的非簧载质量，对汽车的平顺性不利。

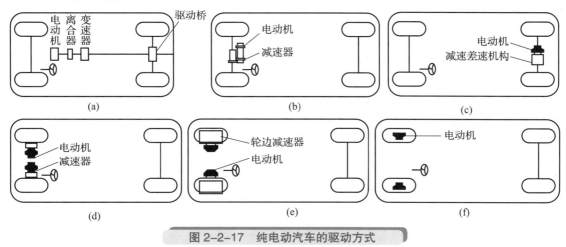

图2-2-17　纯电动汽车的驱动方式

实践操作

七、驱动及换挡测试

车辆的驱动测试，主要进行车辆的起步、换挡、加减速、停车等功能测试。测试时应注意，在不同运行状态下，整车仪表的相应显示是否正常。车辆起步时，观察车辆起步响应是否迅速，车辆在起动过程中是否出现抖动、异响等情况；在车辆行驶过程中，踩下加速踏板，感觉踩下踏板所需力度是否正常，以及车辆加速响应是否迅速，车速提升是否明显；车辆制动时，制动力是否足够，是否出现抖动、异响等。

在进行换挡操作时，需要注意以下几点：当选择空挡或倒挡时，需确保车辆处于静止状态；车辆静止时，要求先踩下制动踏板才能换挡成功，若未踩下制动踏板，则仪表将显示当前的物理挡位，并闪烁，以提示驾驶员换挡无效，此时驾驶员需要换至空挡，然后重新进行换挡操作；当选择前进挡时，需要在换挡前先踩下制动踏板，否则挡位选择将被视为无效，仪表将显示当前挡位并闪烁，此时整车不响应加速踏板的需求。

1. 起步模式

在平直道路上起动车辆，挡位为 D 位，加速踏板开度为零；此时车辆缓慢起步并以一个很低的车速行驶。

2. 正常驱动模式

按下 ECO 键使车辆处于运动模式或经济模式，分别进行如下操作。
1）缓慢踩动加速踏板到一个较小的开度，行驶一段距离，记录此过程行驶时间和最终车速。
2）快速踩动加速踏板到一个较大的开度，行驶一段距离，记录此过程行驶时间和最终车速。

3. 换挡测试

将挡位置于 D 位，踩动加速踏板将车辆加速到中等车速。
1）直接操纵换挡手柄到 R 位，观察仪表盘；仪表依然显示为 D 位，车速基本保持不变，换挡操作无效。
2）松开加速踏板并轻踩制动踏板，在车辆速度下降不大时（此时车速依然维持在中等车速），操纵换挡手柄到 R 位，然后松开制动踏板；观察仪表盘，仪表依然显示为 D 位，换挡操作无效。
3）松开加速踏板并轻踩制动踏板，在车速下降到一个较低值时操纵换挡手柄到 R 位，然后松开制动踏板；观察仪表盘，仪表显示为 R 位，换挡操作有效；此时车速缓慢下降到 0，然后开始反向行驶。

八、跛行模式测试

比亚迪 E5 纯电动汽车的功率限制通过设置动力电池电量实现，一般设置动力电池电量 1%、5%、10%、20% 四个挡。动力电池电量越低，功率输出限制越严格。

当动力电池电量降低到 20% 时，会强制进入 ECO 模式，如图 2-2-18 所示，此时功率响应变慢。

图 2-2-18　电池电量为 19% 时的仪表盘显示

当动力电池电量降低到 10% 时，会限制输出制功率。

当动力电池电量降低到 5% 时，会进一步限制功率输出（一般不大于 20kW），车辆进入跛行模式，仪表盘主警告指示灯点亮，跛行模式指示灯点亮，如图 2-2-19 所示。

当动力电池电量降低到 1%（甚至是 0%）时，此时高压系统尚未断开，仪表显示"请及时充电"（不再显示续驶里程）、动力电池电量低指示灯点亮，如图 2-2-20 所示，此时车辆还能继续行驶一段距离。

图 2-2-19　电池电量为 3% 时的仪表盘显示

图 2-2-20　电池电量为 1% 时的仪表盘显示

任务小结

1. 从车辆的角度来说，理想的动力输出特性曲线应是在全车速范围内可以保持恒功率输出，输出转矩随车速的上升呈双曲线趋势下降。

2. 电机输出功率恒定时，电机输出转矩随着转速的下降而增大，接近理想特性。

3. 驾驶意图识别的方法主要有统计模式识别方法、模糊模式识别方法、人工神经网络方法等。

4. 驱动控制策略的基本思想是通过采集驾驶员信息，对驾驶员意图进行识别，根据车辆的行驶状态等对电机进行间接控制，达到驾驶意图。

5. 纯电动汽车上的驾驶模式选择大部分是经济模式（Economy）和运动模式（Sport）。

6. 电动汽车的运动状态分为 6 种运行模式，分别是车辆起动模式、起步模式、正常驱动模式、能量回馈模式、跛行模式和空挡模式。

制动能量回收功能测试

任务导入

你是比亚迪新能源4S店的一名车辆销售人员,在进行纯电动汽车介绍时,客户询问能量回收功能是什么、怎么操作?你会向客户进行制动能量回收功能的操纵演示吗?又怎么设置能量回收强度呢?

学习目标

1. 能通过与客户交流和查阅相关维修技术资料获取车辆信息;
2. 了解能力回收的意义;
3. 能正确进行能量回收功能测试;
4. 能正确遵守个人和车间安全作业要求,注重个人安全防护;
5. 能正确检查工作质量并进行自我评估。

理论知识

汽车在运行过程中要经常性地加速、减速及上下坡等。在减速过程中,汽车的动能通过制动系统转化成热能散发到大气中;下坡时,汽车的重力势能通过制动系统转化成热能散发到大气中。这会造成能量的浪费,对经常行驶在拥堵城镇或山区的车辆影响更大。电动汽车、混合动力汽车等可以回收车辆在制动或惯性滑行中释放出的多余能量,并通过发电机将其转化为电能再储存在蓄电池中,用于之后的加速行驶,这个过程就是制动能量回收,也称再生制动。制动能量回收可以减少制动盘的消耗、增加汽车的续驶里程、增大能量利用率,对环保、节能减排、减少能源消耗有重要意义。

一、制动能量回收系统的结构

纯电动汽车处于紧急制动或大强度制动时,单纯靠电机的再生制动很难保证行车安全,车辆必须保留机械制动系统,所以纯电动汽车的制动系统是传统机械式制动系统与电机再生制动系统的复合系统。这一复合系统能正常工作的关键问题是协调控制机、电复合制动力的比例关系。系统工作时要满足以下条件。

1)为保证驾驶员能通过制动踏板合理控制车速并有一定的制动感受,制动模式在发生改变时产生的冲击应控制在一定范围内,保证驾驶舒适性。

2)为保证车辆行驶安全,应根据实际情况合理控制作用在驱动轮上的机、电复合制动力的比例关系。此外,为了防止车轮发生抱死、侧滑等危险情况,施加在前后轴上的最大制动力应满足相关规定。

3)根据电机、动力电池的规格限制,为保证动力系统安全,提高能量利用率,应考虑动力电池组最大允许充电功率及电机的发电能力。

目前,复合制动系统主要分为并联制动系统和串联制动系统两种类型。

1. 并联制动系统

并联制动系统的结构如图2-3-1所示。并联制动系统的特点是:对原来的制动系统不需要做太多改动;只要控制电机制动力,不需要控制机械制动力;控制参数少,对制动有影响的因素少,对汽车的制动过程能进行更好的控制;制动系统结构简单,降低了汽车的改造成本。

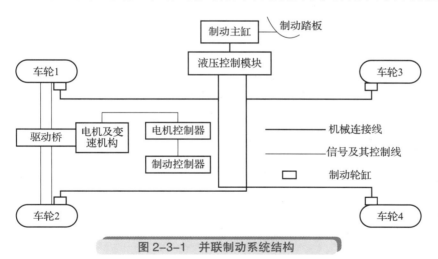

图2-3-1 并联制动系统结构

并联制动系统的制动力分配关系如图2-3-2所示,前后轮机械制动力以确定比例进行分配,电机制动力作为附加力按比例加在驱动轮上。

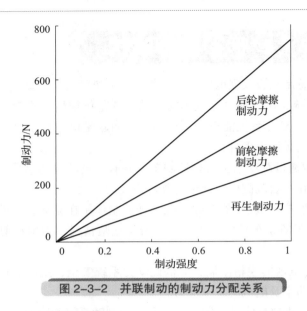

图 2-3-2 并联制动的制动力分配关系

并联制动系统的控制原理如图 2-3-3 所示。驾驶员制动时，电机控制器根据接收到的制动力矩需求对电机进行相应控制。

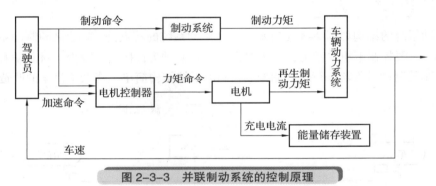

图 2-3-3 并联制动系统的控制原理

并联制动系统能提供可靠的冗余制动力，在电机制动失效的情况下，机械制动系统可及时完成制动，保证安全。其局限性是，并联制动时，对电机制动力矩无法主动控制，电制动和机械制动之间不能协调工作，电机制动力矩的使用不充分，能量回收较少。另外，由于在传统机械制动系统的基础上加入了再生制动系统，当制动踏板受到同样的踩踏力的时候，并联制动系统实际的制动强度要大于目标制动强度，这就使制动时的顿挫性增加，降低了汽车的制动舒适性；但是，对原有的制动系统改动少，结构简单，成本低。

2. 串联制动系统

串联制动系统的结构如图 2-3-4 所示。相对于并联制动系统来说，串联制动系统将会大大改变汽车整车结构，增加汽车的改造成本；需要协同控制电机制动力和机械制动力，对原有的控制系统改动大。

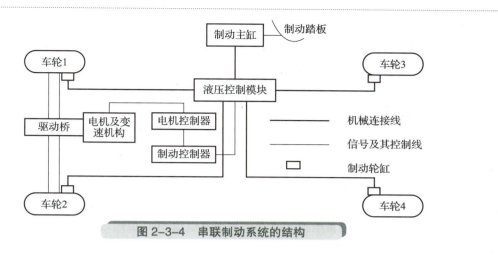

图 2-3-4 串联制动系统的结构

串联制动系统的制动力分配关系如图 2-3-5 所示。装有串联制动系统的车辆在制动时，优先利用再生制动力完成制动任务，直到其最大制动力仍不能满足需求时，才由机械系统提供制动力作为补充。

串联制动系统的控制原理如图 2-3-6 所示。驾驶员制动时，制动控制器根据制动踏板输入信号得出的制动力矩需求，并根据电机控制器反馈的可用再生制动力矩，对制动力矩进行分配；向电机控制器、机械制动系统分别发送再生制动力矩需求和机械制动力矩需求。当可用再生制动力矩大于制动力矩需求时，制动力完全由电机提供；当可用再生制动力矩小于制动力矩需求时，由机械制动系统进行制动力矩补偿。

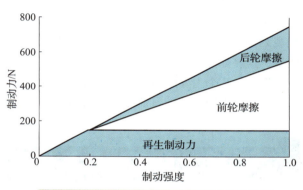

图 2-3-5 串联制动系统的制动力分配关系

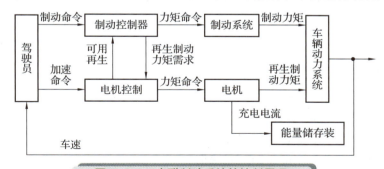

图 2-3-6 串联制动系统的控制原理

串联制动系统只要选取合适的控制策略，就能实现对制动力的合理分配，在满足制动安全和稳定的前提下，可以最大限度地回收能量，并且制动舒适性高；但是串联制动系统结构复杂，需要高集成度、处理能力强大的控制系统，成本高。

3. 影响制动能量回收的因素

（1）电机性能

电机是影响电制动力大小的直接因素。电机在再生制动模式下产生的电制动力直接决定了制动力矩的分配比例。根据电机性能和类型不同，其转矩、功率和转速都有限制，这些都会影响回收能量的大小，因此合理选择电机运行区域，可以提高电机发电功率。

（2）储能装置

纯电动汽车上常用的存储装置包括蓄电池、超级电容、超高速飞轮等，每种储能装置充放电都受到各种限制。对于以蓄电池为储能装置的纯电动汽车，充电功率和充电电流不能过大，防止损坏蓄电池；还要考虑蓄电池的状态，如果蓄电池SOC值超过一定值，则不能进行再生制动功能，防止蓄电池过充。

（3）控制策略

在满足电机、储能等限制因素下，怎样合理规划再生制动力与机械制动力的比例，如何合理规划制动力在各个轴之间的分配，既保证车辆稳定、可靠地制动，又能最充分地回收制动能量，这些都是控制策略的主要内容。

除以上几个主要影响因素外，再生制动能量回收还会受到汽车驱动形式、行驶工况、能量传递效率、驾驶员驾驶习惯等因素的影响。

二、制动能量回收系统的工作原理

制动能量回收的工作原理是汽车减速制动时将其动能经过传动装置传递给电机，然后电机在制动控制器的作用下以发电模式工作，将汽车的动能转变为电能，给储能装置充电，达到制动能量回收的目的。与此同时，电机制动力又可以起到制动的作用，对驱动轮进行制动以达到减慢车速的效果。

1. 电机再生制动的基本原理

一般情况下，电机的回馈电压是低于电池电压的，要想使回馈的电能充入储能装置，必须使电机工作在再生制动状态，这需要专门的控制系统进行控制，电动汽车能量回馈系统的结构简图如图2-3-7所示。

在图2-3-7中，T_1、T_2为绝缘栅晶体管，VD_1、VD_2为续流二极管，L为电感线圈，R为电机线圈电阻，U_b为动力电池端电压，R_0为动力电池等效内阻，C_0为电容。

制动能量回馈可以概括为3个阶段：续流

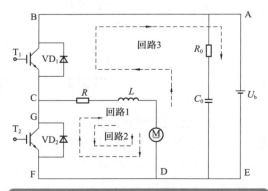

图2-3-7 电动汽车能量回馈系统的结构简图

阶段、电流反向阶段和能量回馈阶段。

（1）续流阶段

当汽车正常行驶时，T_1 导通、T_2 截止，此时电流的方向是 A→B→C→D→E→A。踩下制动踏板，汽车处于制动状态；此时 T_1、T_2 都截止，电机两端的电源被切断，电感 L 存储的电能向外释放，电流方向不变。此时电流通过 VD_2 续流，流经方向为 D→F→G→C→D，即回路1。此过程电机消耗电感 L 中的能量。

（2）电流反向阶段

当 T_2 导通、T_1 截止时，电机仍然正常旋转，但工作于发电状态，回路中的电流方向与正常行驶时的电流方向相反，电流流经方向为 D→C→G→F→D，即回路2。此时电机给电感 L 充能。

（3）能量回馈阶段

控制 T_2 截止，电机仍然正常旋转，工作于发电状态，电感 L 与电机相当于串联电源，电压大于动力电池电压，二极管 VD_1 导通。此时，反向电流经 VD_1 续流，形成回路3，流经方向为 A→E→D→C→B→A，产生的电能回馈到储能装置，完成制动能量回馈。此后，电机反复工作在电流反向阶段和能量回馈阶段，直到电动汽车完成制动过程为止。

三、整车制动力分配

1. 理想的制动力分配线

汽车制动时的受力如图 2-3-8 所示。惯性力 F_j 为

$$F_j = mj \tag{2-3-1}$$

式中：j 为汽车减速度；m 为汽车质量。

对后轮接地点取矩得到

$$F_{Z1}L = Gb + F_j h_g \tag{2-3-2}$$

对前轮接地点取矩得到

$$F_{Z2}L = Gb - F_j h_g \tag{2-3-3}$$

式中：F_{Z1} 为地面对前轮的支反力；F_{Z2} 为地面对后轮的支反力；G 为汽车重力；a 为汽车质心到前轴的距离；b 为汽车质心到后轴的距离为汽车质量；h_g 为汽车质心高度。

令 $z=j/g$，z 称为制动强度，则式（2-3-2）、式（2-3-3）可化简为

$$F_{Z1} = G(b + zh_g)/L \tag{2-3-4}$$

$$F_{Z2} = G(a - zh_g)/L \tag{2-3-5}$$

汽车制动时，对附着条件的利用、制动时汽车方向稳定性均有利的条件是前后轮同时抱死，即

$$\begin{cases} F_f = \varphi F_{Z1} \\ F_r = \varphi F_{Z2} \\ F_f + F_r = \varphi G \end{cases} \tag{2-3-6}$$

式中：F_f 为前轮制动力；F_r 为后轮制动力；φ 为路面附着系数。

将式（2-3-4）、式（2-3-5）带入式（2-3-6），可得到 F_f、F_r 的关系：

$$\begin{cases} \dfrac{F_f}{F_f + F_r} = \dfrac{b + \varphi h_g}{a - \varphi h_g} \\ F_f + F_r = \varphi G \end{cases} \quad (2-3-7)$$

由式（2-3-7）得出的曲线即前后车轮同时抱死时前后轮制动力的关系曲线，即理想的前后轮制动力分配曲线，也称为 I 曲线，如图 2-3-9 所示。

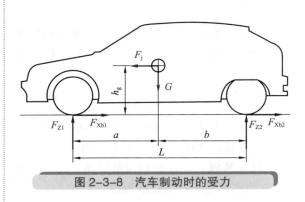

图 2-3-8 汽车制动时的受力

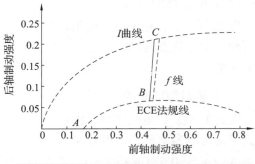

图 2-3-9 I 曲线、ECE 法规线及 f 线

2. ECE 法规线

ECE 法规曲线是联合国欧洲经济委员会与我国汽车行业共同对汽车制动前后轴制动力分配做出的规定，表示为

$$\begin{cases} F_f = \dfrac{z + 0.07}{0.85} \cdot \dfrac{G}{L}(b + zh_g) \\ F_r = Gz - F_f \end{cases} \quad (2-3-8)$$

由式（2-3-8）得出的曲线即 ECE 法规线，如图 2-3-9 所示。

3. f 线组

f 线组是后轮没有抱死，在各种附着系数路面上前轮抱死时的前后地面制动力关系曲线。

$$\begin{cases} F_f = \varphi F_{Z1} = \varphi \dfrac{G(b + zh_g)}{L} \\ F_r = Gz - F_f \end{cases} \quad (2-3-9)$$

综上，前后轴制动力分配应处于汽车的 I 曲线、ECE 法规边界线及 f 线所围成的区域中，如图 2-3-9 中原点、A、B、C 包围的区域。

四、典型的再生制动控制策略

再生制动时，制动力需求 F_b 由前轮机械制动力 $F_{\mu 1}$、后轮机械制动力 $F_{\mu 2}$ 和电机再生制动力 F_m 共同提供。前轮制动力 F_f 由前轮机械制动力 $F_{\mu 1}$、电机再生制动力 F_m 所决定，后轮制动

力 F_r 由后轮机械制动力 $F_{\mu 2}$ 所决定。

1. 并联策略

在并联策略中，前轴的再生制动力与机械制动力之间按照一定的比例分配。没有再生制动时，前轮机械制动力 $F_{\mu 1}$、后轮机械制动力 $F_{\mu 2}$ 按照实际前后制动器制动力分配线（β线）分配。

再生制动时，前轮制动力 F_{xb1}、后轮制动力 F_{xb2} 按照 $OABC$ 线（称为复合制动线）分配，如图 2-3-10 所示。其中，A 点为由电机再生制动转矩决定的最小制动力点，C 点为同步附着系数点；过 A 点做一定斜率的线（可设斜率为 λ），其与过同步附着系数的 f 线的交点为 B 点；为了保证能量回收效率，AB 线应与 ECE 法规线尽可能靠近，使制动安全，AB 线应与 ECE 法规线不相交。

（1）OA 段

A 点的值取决于电机再生制动扭矩的最小值。电机再生制动扭矩决定最小制动力 F_{xbmin} 为

$$F_{xb\,min} = \frac{T_{\min} i_0 i_g}{\eta_t r} \qquad (2-3-10)$$

式中：$T_{\min}$ 电机再生制动转矩的最小值；i_0、i_g 为传动系的传动比；η_t 为传动系的机械效率；r 为车轮半径。

当制动强度（制动力）需求小于 A 点对应的制动强度（制动力）时，制动力由电机再生制动力独立提供。

（2）AB 段

设此时的制动强度需求 z_1 在 A 点对应的强度与 B 点对应的强度之间，即 $z_A \leq z_1 \leq z_B$，如图 2-3-11 所示。此时前后轮制动力按照固定比例分配，而前轮机械制动力等于前轮制动力减去电机再生制动力，则前后轮机械制动力和电机再生制动力为

$$F_{\mu 1} = F_{E'}, \quad F_{\mu 2} = F_F, \quad F_m = F_{D'} - F_{E'}$$

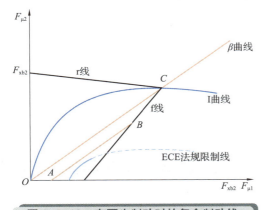

图 2-3-10　有再生制动时的复合制动线

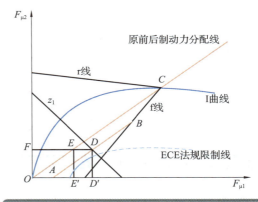

图 2-3-11　制动力需求在 AB 之间时的制动力分配

（3）BC 段

B 点是 AB 与 f 线组的交点，即 BC 段是 f 线组的一部分。设此时的制动强度需求为在 B 点

对应的强度（制动力）与 C 点对应的强度（制动力）之间，如图 2-3-12 所示。此时前后轮制动力按照固定比例分配，而此时前轮机械制动力等于前轮制动力减去电机再生制动力，则前、后轮机械制动力和电机再生制动力为：

$$F_{\mu 1} = F_{H'}, \quad F_{\mu 2} = F_K, \quad F_m = F_{G'} - F_{H'}$$

从图 2-3-12 中能明显看出，此时电机再生制动力占前轮总制动力的比例逐渐变小，前轮机械制动力的比例逐渐变大。因为当制动强度（制动力）需求超过 B 点对应的强度（制动力）时，说明这是一种紧急制动，再生制动开始逐渐退出、机械制动力逐渐加大，保证稳定、可靠制动，但是再生制动不能瞬间取消，目的是保证制动力平滑过渡。

（4）C 点以后

当制动强度（制动力）需求超过 C 点对应的强度（制动力）时，即 $z \geq \varphi_0$，或 $F_{xb} \geq G\varphi_0$，完全采用机械制动。

2. 最佳制动性串联策略

前后轮的制动力分配沿着理想的分配曲线（I 曲线）变化，汽车的制动稳定性及制动效能都最佳，也称为理想制动力分配控制策略。当减速度要求较大时，施加在前后轮上的制动力将沿着 I 曲线进行，此时前轮制动力包括再生制动力和机械制动，这两者之间的分配以再生制动力最大为原则，即：当依据制动需求确定的前轮制动力小于电机能提供的最大制动力时，将只应用再生制动力；当需求的前轮制动力大于电机能提供的最大制动力时，电机提供最大再生制动力，其余制动力由机械制动补充。

如图 2-3-13 所示，OABC 为最佳制动性串联策略的制动力分配曲线，A 点为由电机再生制动转矩决定的最小制动力点；过 A 点做垂直于 X 轴的垂线与 I 曲线的交点为 B。

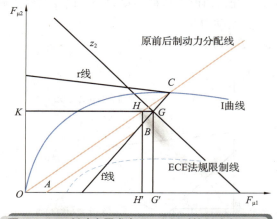

图 2-3-12　制动力需求在 BC 之间时的制动力分配　　图 2-3-13　最佳制动性串联策略的制动力分配曲线

（1）OA 段

A 点的值取决于电机再生制动扭矩的最小值。电机再生制动转矩决定的最小制动力 $F_{xb\,min}$ 见式（2-3-10），当制动强度需求小于 A 点对应的制动强度 z_{min} 时，此时制动力全部由电机提供。

（2）AB 段

当整车制动强度需求在 z_A 与 z_{B2} 之间时，前轮机械制动力依然为零，电机制动力不变，后轮机械制动力随制动强度的增加而增加。设此时的制动强度需求为 z，则此时的再生制动力 F_m、前轮机械制动力 $F_{\mu 1}$、后轮机械制动力 $F_{\mu 2}$ 分别为

$$F_m = \frac{T_{\min} i_0 i_g}{\eta_t r}, \quad F_{\mu 1} = 0, \quad F_{\mu 2} = Gz - \frac{T_{\min} i_0 i_g}{\eta_t r}$$

（3）BC 段

当整车制动强度需求大于 z_{B2} 时，若前轮所需制动力小于电机最大制动力，则再生制动力等于前轮需求制动力，同时前轮的机械制动力为零，后轮制动力等于 I 曲线上分配点对应的制动力。设此时整车制动强度需求为 z_c，则根据式（2-3-7）和式（2-3-8）可以求出此时的再生制动力 F_m、前轮机械制动力 $F_{\mu 1}$、后轮机械制动力 $F_{\mu 2}$ 分别为

$$F_m = Gz_c \cdot \frac{b + z_c h_g}{L}, \quad F_{\mu 1} = 0, \quad F_{\mu 2} = Gz_c \cdot \frac{a - z_c h_g}{L}$$

若前轮所需制动力大于电机最大制动力，则再生制动力取最大值，前轮机械制动力等于需求制动力减去再生制动力，后轮制动力等于 I 曲线上分配点对应的制动力。设此时整车制动强度需求为 z_d，则根据式（2-3-7）和式（2-3-8）可以求出此时的再生制动力 F_m、前轮机械制动力 $F_{\mu 1}$、后轮机械制动力 $F_{\mu 2}$ 分别为

$$F_m = F_{m\max}, \quad F_{\mu 1} = Gz_d \cdot \frac{b + z_d h_g}{L} - F_{m\max}, \quad F_{\mu 2} = Gz_d \cdot \frac{a - z_d h_g}{L}$$

3. 最优能量回收串联策略

该策略的基本思想是在各种情况下，尽量充分利用电动机的再生制动力实现制动效果。当所需制动强度小于路面附着系数时，如果电动机最大制动力大于前轮所需要的最大制动力，则应控制电动机制动力为前轮所需要的最大制动力，不采用机械制动；如果电动机最大制动力小于前轮所需要的最大制动力，则应控制电动机发挥其最大制动力，不满足的部分由机械制动力弥补。当所需要制动强度大于路面附着系数时，前轮再生制动与机械制动力的分配比例则根据再生制动力的大小，由电动机单独提供或与机械制动共同提供。

（1）$z < \varphi$

当制动强度要求小于路面附着系数时，即 $z < \varphi$（假设 $\varphi = 0.8$，$z = 0.7$），只要满足 $F_{\mu 1} + F_m = F_{\mu 2} = mzg$，前后轴制动力可在限定范围内变动，即可以在图 2-3-14 中 AF（即制动强度 Z_3 线）上变动。

1）当可获得的电机再生制动力大于前轮所限定的最大制动力，如图 2-3-14 中 A 点，电机负责提供前轴全部制动力，电机制动力控制在前轮所限定的最大制动力，对应 B 点的前轮制动力（对应制动强度 $z = $

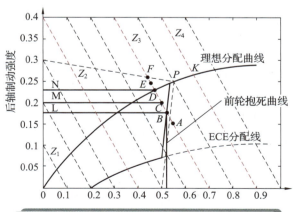

图 2-3-14 最优能量回收串联策略制动力分配

0.7，前轮抱死时的最大制动力力点），同时将后轴制动力控制为响应 L 点的后轮制动力（对应制动强度 $z = 0.7$，前轮抱死时后轮提供的制动力），此时汽车可得到 $z = 0.7$ 制动强度，即得到 $a = 0.7g$ 的制动减速度。

设此时整车制动强度需求为 z_e，则根据式（2-3-8）可以求出此时的电机再生制动力 F_m、前轮机械制动力 $F_{\mu 1}$、后轮机械制动力 $F_{\mu 2}$ 分别为

$$F_m = Gz_e \cdot \frac{b + z_e h_g}{L}, \quad F_{\mu 1} = 0, \quad F_{\mu 2} = Gz_e \cdot \frac{a - z_e h_g}{L}$$

2）当可获取的电机再生制动力小于前轮所允许的最大制动力（B 点），且大于该制动强度下理想制动力分配曲线（I 曲线）所对应的前轮制动力（D 点），如图 2-3-14 中 C 点，则应控制电机发挥最大制动力，前轮机械制动力为零，同时将后轴制动力控制在响应的 M 点。此时汽车同样可得到 $z = 0.7$ 的制动强度，即得到 $a = 0.7g$ 的制动减速度，并且充分利用了电机再生制动力。

设此时整车制动强度需求为 z_f，则根据式（2-3-8）可以求出此时的电机再生制动力 F_m、前轮机械制动力 $F_{\mu 1}$、后轮机械制动力 $F_{\mu 2}$ 分别为

$$F_m = F_{m\max}, \quad F_{\mu 1} = 0, \quad F_{\mu 2} = Gz_f - F_{m\max}$$

3）当可获得的电机再生制动力小于 I 曲线对应的前轴制动力时，如图 2-3-14 中 E 点，此时为确保制动效能和稳定性，应控制制动力分配点在 I 曲线上的 D 点。此时控制电机制动力为最大值，前轴机械制动力 $F_{\mu 1}$ 为 D 点对应的前轴制动力减去电机最大制动力，后轴机械制动力控制在 N 点，即 $F_{m\max} = F_E$，则 $F_{\mu 1} = F_D - F_E$，$F_{\mu 2} = F_N$。此时整车将获得 $z = 0.7$ 制动强度，即得到 $a = 0.7g$ 的制动减速度。

设此时整车制动强度需求为 z_g，则根据式（2-3-8）可以求出此时的电机再生制动力 F_m、前轮机械制动力 $F_{\mu 1}$、后轮机械制动力 $F_{\mu 2}$ 分别为

$$F_m = F_{m\max}, \quad F_{\mu 1} = Gz_g \cdot \frac{b + z_g h_g}{L} - F_{m\max}, \quad F_{\mu 2} = Gz_g \cdot \frac{a - z_g h_g}{L}$$

（2）$z > \varphi$

当减速度要求大于路面附着系数时，假设 $\varphi = 0.8$，$z = 0.9$（即图 2-3-14 中 K 点），汽车只能获得等于附着系数的制动强度（P 点，$z = 0.8$ 的制动强度线与 I 曲线的交点）。前后轴制动力分配按照 I 线进行，前轴制动力优先分配电机制动力，当电机制动力不能满足需求时，机械制动系统补充额外的制动力，后轴机械制动力在确保制动强度需求的前提下，由分配点相应确定。

1）当可获取的电机再生制动力小于路面所允许的最大制动力时，此时控制电机制动力为最大值，前轴机械制动力 $F_{\mu 1}$ 为 P 点对应的前轴制动力减去电机最大制动力，后轴机械制动力为 P 点对应的制动力。

设此时整车制动强度需求为 z_h、路面附着系数为 φ_1，则根据式（2-3-8）可以求出此时的电机再生制动力 F_m、前轮机械制动力 $F_{\mu 1}$、后轮机械制动力 $F_{\mu 2}$ 分别为

$$F_m = F_{m\max}, \quad F_{\mu 1} = G\varphi_1 \cdot \frac{b + \varphi_1 h_g}{L} - F_{m\max}, \quad F_{\mu 2} = G\varphi_1 \cdot \frac{a - \varphi_1 h_g}{L}$$

2）当可获取的电机再生制动力大于路面所允许的最大制动力时，此时控制电机制动力为 P 点对应的前轴制动力，后轴机械制动力为 P 点对应的制动力。

设此时整车制动强度需求为 z_g、路面附着系数为 φ_1，则根据式（2-3-8）可以求出此时的电机再生制动力 F_m、后轮机械制动力 $F_{\mu 2}$ 分别为

$$F_m = G\varphi_1 \cdot \frac{b + \varphi_1 h_g}{L}, \quad F_{\mu 1} = 0, \quad F_{\mu 2} = G\varphi_1 \cdot \frac{a - \varphi_1 h_g}{L}$$

上述 3 种再生制动控制策略对比如表 2-3-1 所示。

表 2-3-1　3 种再生制动策略对比

控制策略	实现复杂性	制动稳定性	能量回收效率
并联策略	一般，改动较小	中等	中等
最佳制动性串联策略	较复杂，需专门设计控制系统	较高	较高
最优能量回收串联策略	较复杂，需专门设计控制系统	较低	最高

其中，基于并联策略的再生制动系统比较简单，容易实现，是目前应用较广泛的一种控制方法。

拓展阅读

五、制动能量回收储能装置

制动能量回收的实质是通过能量转换装置将机械动能转换为电能，并将得到的电能存入储能装置。通常用于制动能量回收的储能装置有动力电池储能、超级电容器储能和飞轮储能，不同的储能装置具有不同的特性。

1. 动力电池储能

动力电池作为储能装置最为常见，其具有能量密度高而功率密度低的特点，因此难以实现短时间内的大功率充电，且充放电循环次数有限，使用成本较高。

2. 超级电容器储能

超级电容器是 20 世纪中叶新生的一种新型储能元件，充放电速度快、功率密度大。超级电容器是一种介于电池和静电电容器之间的储能元件，具有比静电电容器高得多的能量密度和比电池高得多的功率密度，适合用作短时间电功率吸收装置。相比较而言，超级电容比功率高、大电流放电能力强等特点使得其在制动能量回收中的应用比动力电池具有优势，但其能量密度低于动力电池。

超级电容储能装置体积庞大、造价高，电容器在长期的充放电状态下使用寿命很难得到保障，所以应用较少。目前，超级电容在部分公交车上有应用。此外，北京地铁 5 号线引进了西门子公司研制的 SITRAS SES 地面超级电容储能装置。

3. 飞轮电池储能

飞轮电池是 20 世纪 90 年代才提出的新概念电池，它突破了化学电池的局限，用物理的方法实现储能，也称为电动机械电池，是一种新型的机械能量转换装置。

飞轮储能装置由高速旋转的电机、飞轮（真空环境）和 DC/AC 变换器组成。通过控制电路使飞轮动能改变来实现再生制动能量的吸收和释放。装置最为关键技术在于使用物质分离衍生技术制造的飞轮，飞轮电机需要长时间处于高速运转状态，磨损较严重，寿命较短。

在国外，美国纽约、英国伦敦、法国巴黎等地铁线路尝试使用过该类型装置。

目前在储能装置的配置方面，动力电池与超级电容并联作为电动汽车的能量源被认为是解决电动汽车动力问题的最佳途径。超级电容的使用能够平滑动力电池的充放电电流，延长动力电池的使用寿命，并改善制动能量回收效果，大幅度提高电动汽车的续驶里程。

实践操作

六、能量回收功能测试

能量回收功能一般在车辆减速/制动时起作用，能量回收情况无法直接观察，但可以通过车辆其他部件状态来间接观察。在进行能量回收时，车辆行驶惯性反拖驱动电机，此时主驱动电机工作于发电状态，并将产生的电能输送至储能装置，此时通过观察得到的储能装置的输出电流应为负值，数值大小表示制动能量的回收强度。

在比亚迪 EV450 纯电动汽车上，可以通过转向盘上的选择按键选择能量流观察界面观察能量流动方向，如图 2-3-15 所示。

图 2-3-15　能量流观察界面

当车辆处于减速/制动状态时，驱动电机作为发电机将制动能量转化为电能为动力电池充电，此时仪表盘的指示情况如图 2-3-16 所示。

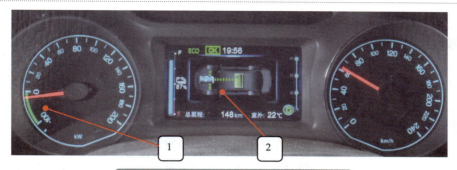

图 2-3-16 仪表盘的指示器

1—功率表的值为负值；2—能量流动方向为流向电池

图 2-3-16 显示功率表的值变为负值；能量流的方向是从车轮、电机到动力电池。

（1）制动时的能量回收测试

制动时回收的能量是汽车的动能，能量回收系统将车辆的动能转化为电能给动力电池充电。

制动时的能量回收测试需要经验丰富的驾驶员在实车上进行操作，场地要求为空旷、行人少的路段。测试的具体步骤如下：

1）打开车门，上车。

2）关闭车门，系好安全带。

3）踩下制动踏板，并松开驻车制动器。

4）将点火开关置于 ON 位。

5）将电子换挡旋钮由 N 位旋至 D 位。

6）逐渐松开制动踏板，车辆开始行驶。

7）踩下加速踏板，加速至较高车速。

8）松开加速踏板、踩下制动踏板。

9）观察：仪表盘功率表显示为负值；在信息显示屏能量流观察界面下，能量流方向由车轮回流至动力电池。在此过程中，可以通过解码仪进入 BMS 模块，读取数据流，查看能量回收时的充电电流；也可以进入驱动电机模块，读取数据流，查看能量回收时电机的制动功率及制动转矩。

可以通过转向盘上的"选择"键、"确定"键进入菜单栏，选择能量回馈强度设置"，设置能量回馈强度为"标准"或"较大"（图 2-3-17）；再进行制动时的能量回收测试，体验两种模式之间的不同，并通过读取的数据流进行对比。

图 2-3-17 制动能量回收强度设置

（2）下长坡时的能量回收测试

下长坡时回收的能量是汽车的重力势能，能量回收系统将汽车的重力势能转化为电能给动力电池充电。

下长坡时的能量回收测试需要经验丰富的驾驶员在实车上进行操作，场地要求为空旷、行人少的下长坡路段。测试的具体步骤如下。

1）将车辆开到下长坡路段。

2）逐渐松开制动踏板，车辆在重力的作用下缓慢加速。

3）观察：仪表盘功率表显示为负值；在信息显示屏能量流观察界面下，能量流方向由车轮回流至动力电池。在此过程中，可以通过解码仪进入 BMS 模块，读取数据流，查看能量回收时的充电电流；也可以进入驱动电机模块，读取数据流，查看能量回收时电机的制动功率及制动转矩。

通过设置能量回馈强度为"标准"或"较大"，再进行下长坡时的能量回收测试，体验两种模式之间的不同，并通过读取的数据流进行对比。

需要注意的是，在此过程中，驾驶员要防止车辆速度过快而出现危险。

任务小结

1. 纯电动汽车的制动系统是传统机械式制动系统与电机再生制动系统的复合系统。目前，复合制动系统主要分为并联制动系统和串联制动系统两种类型。

2. 并联制动系统对原来的制动系统不需要做太多改动；只要控制电机制动力，不需要控制机械制动力；控制参数少，对制动有影响的因素少，对汽车的制动过程能进行更好的控制；制动系统结构简单，降低了汽车的改造成本。

3. 串联制动系统将会大大改变汽车整车结构，增加汽车的改造成本；需要协同控制电机制动力和机械制动力，对原有的控制系统改动大。

4、制动能量回收的影响因素：电机性能、储能装置、控制策略。

5. 制动能量回收的工作原理是汽车减速制动时将其动能经过传动装置传递给电机，然后电机在控制器的作用下以发电模式工作，将汽车的动能转变为电能，给储能装置充电，达到制动能量回收的目的。

保护功能测试

任务导入

假设你是比亚迪新能源4S店的一名车辆销售人员,顾客在看车时对纯电动汽车的高压是否安全存在疑虑并询问在日常保养时自己能不能打开发动舱盖进行相关操作。你知道比亚迪E5纯电动汽车的高压安全措施有哪些吗?你知道什么是高压互锁吗?

学习目标

1. 能通过与客户交流和查阅相关维修技术资料获取车辆信息;
2. 能独立制订工作计划并按计划实施;
3. 能认识车辆保护功能;
4. 能掌握比亚迪E5的高压安全措施;
5. 能正确演示高压互锁功能;
6. 能正确遵守个人和车间安全作业要求,注重个人安全防护。

理论知识

电动汽车动力系统的一个重要特点是具有高电压、大电流的动力回路。为了适应电机驱动工作的特性要求并提高效率,高压电气系统的工作电压可以达到300V以上,而且电力传输线路的阻抗很小。高压电气系统的正常工作电流可能达到数十安培甚至上百安培,瞬时短路放电电流更是成倍增加。高电压和大电流会危及车上乘员的人身安全或维修人员的人身安全,还会影响车辆的正常工作。因此,在设计和规划高压电气系统时,不仅应充分满足整车动力驱动要求,而且必须确保车辆运行安全、驾乘人员安全、维修人员安全和车辆运行环境安全。根据电动汽车的实际结构和电路特性,设计安全合理的保护措施,是确保驾乘人员和车辆设备安全运行的关键。

一、电动汽车高压安全要求

《电动汽车 安全要求》（GB/T 18384—2015）规定，对车载驱动系统的最大工作电压是 B 级电压（$30 < U \leqslant 1000\text{V AC}$ 或 $60 < U \leqslant 1500\text{V DC}$）的电动汽车车载可充电储能系统（Rechargeable Energy Storage System，REESS）、操作安全和故障防护、人员触电防护提出了具体要求。

1. 对 REESS 的安全要求

（1）绝缘电阻

对于没有嵌入在一个完整电路中的 REESS，如果在整个寿命期内没有交流电路或交流电路有附加防护，则其绝缘电阻除以它的最大工作电压应不小于 $100\Omega/V$；如果包括交流电路且没有附加防护，则此值应不小于 $500\Omega/V$。

（2）电气间隙和爬电距离

导电部件之间表面最小电气间隙应为 2.5mm，如图 2-4-1 所示。

对于正常使用时有发生电解液泄漏可能的 REESS，建议爬电距离（图 2-4-1）满足以下要求：

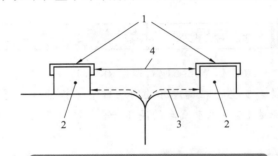

图 2-4-1 电气间隙和爬电距离
1—可导电表面；2—连接端子；3—爬电距离；4—电气间隙

1）REESS 连接端子间的爬电距离：

$$d \geqslant 0.25U + 5 \qquad (2\text{-}4\text{-}1)$$

2）带电部件与电平台之间的爬电距离：

$$d \geqslant 0.125U + 5 \qquad (2\text{-}4\text{-}2)$$

在式（2-4-1）和式（2-4-2）中：d 为爬电距离（mm）；U 为 REESS 两个连接端子间的最大工作电压（V）。

（3）REESS 产生的热量

应采取适宜的措施防止任何由单点失效情况造成可能危害人员的热量的产生，如基于电流、电压或温度的监控器。

（4）REESS 过电流断开

应设有一个 REESS 过电流断开装置，能在车辆制造厂商规定的条件下断开 REESS 电路，以防止对人员、车辆和环境造成危害。

2. 对操作安全和故障防护的要求

（1）驱动系统电源的接通与断开

1）车辆从驱动系统电源切断状态到"可行驶模式"至少要经过两次有意识的不同动作。

2）从"可行驶模式"到驱动系统电源切断状态只需要一个动作。

3）应连续或间接地向驾驶员指示：车辆已经处于"可行驶模式"。

4）车辆停止时，驱动系统自动或手动关掉后只能通过上述操作进入"可行驶模式"。

（2）车辆和外部电源物理连接时

当车辆的REESS被用户物理连接到外部电源时，车辆不能通过其自身的驱动系统移动。

（3）车辆行驶时

1）功率降低显示：如果电驱动系统采取了自动限制和减少驱动功率的措施，驱动功率的限制和降低影响了车辆的行驶，该状态应向驾驶员指示。

2）REESS低电量显示：如果REESS的电量低而影响车辆的行驶，应通过一个明显的信号向驾驶员提示。当车辆处于制造厂规定的低电量状态时，应保证通过自身的驱动系统使车辆驶出交通区域。

3）反向行驶：如果是通过改变电机旋转方向来实现前进和倒车转换的，应满足前进和倒车两个方向的转换需要通过驾驶员两个不同的操作动作来完成；如果仅通过驾驶员的一个操作动作来完成，则应通过一种安全措施使这种转换只有在车辆静止或低速时才能完成。

（4）驻车

当驾驶员离开车辆时，如果驱动系统仍处于"可行驶模式"，则应通过一个明显的信号装置（如声音或光信号）提示驾驶员。

切断电源后，车辆不能由自身电驱动系统驱动行驶。

3. 对人员触电防护的要求

（1）电位均衡

在B级电压电路中，任意两个可以被人同时碰触到的外露可导电部分之间的电阻不超过0.1。

（2）绝缘电阻

非传导连接到电网的B级电压电路应当拥有足够的绝缘电阻。在最大工作电压下，直流电路绝缘电阻的最小值应至少大于$100\Omega/V$，交流电路应至少大于$500\Omega/V$。整个电路为满足以上要求，依据电路的结构和组件数量，每个组件应有更高的绝缘电阻。

（3）电容耦合

当人与B级直流电压接触时，为应对电容耦合放电产生的流过人体的直流电流应满足：任何带电的B级电压带电部件和电平台之间的总电容在其最大工作电压时所存储的能量应小于0.2J，或有其他机械或电气方法阻止接触。

当人与B级交流电压接触时，为应对电容耦合放电产生的流过人体的交流电流应满足：用GB 4943.1—2011的方法测量，流过人体的交流电流不应超过5mA，或有其他机械或电气方法阻止接触。

（4）断电

切断供电的电路应在设定的时间内满足下列条件之一：

1）交流电路电压应降低到 AC 30V，直流电路电压应降低到 DC 60V 或以下；

2）电路存储的总能量小于 0.2J。

（5）绝缘电阻监控系统

如果车辆有绝缘电阻监控系统，发现绝缘电阻低于规定要求，应通过一个明显的信号装置提示驾驶员。

车辆行驶时发现绝缘电阻降低到厂商规定的危险状态，手动或自动进入电源切断模式时应能将电路断开。

在故障未排除前，如果系统设计允许驾驶员强制通电，那么在强制操作时应给驾驶员一个明显的警告。

二、电动汽车高压防护措施

1. 高压互锁

高压互锁是指危险电压连锁回路（Hazardous Voltage Interlock Loop，HVIL），即将高压封闭在一个完整的回路中，通过电气小信号来检查整个高压系统的电气完成性、连接连续性，识别回路异常断开，及时断开高压电。

电动汽车设计高压互锁的主要目的如下。

（1）在整车高压上电前，确保整个高压系统的完整性，使高压处于一个封闭的环境中，从而提高其安全性。

（2）当整车在运行过程中，高压系统回路开路或完整性受到破坏的时候，自动启动安全防护——高压系统断电。

（3）防止带电插拔高压插接器时给高压端子造成拉弧损坏。

2. 绝缘电阻检测

（1）绝缘电阻

绝缘电阻是绝缘物在规定条件下的直流电阻，即加直流电压于电介质，经过一定时间极化过程结束后，流过电介质的泄漏电流对应的电阻。绝缘电阻是电气设备和电气线路最基本的绝缘指标。

在电动汽车的高压电气系统中，分别利用电源的正极电缆和负极电缆对底盘的绝缘电阻来反映电气系统的绝缘性能。

（2）绝缘电阻检测原理

较高的供电电压对整车的电气安全提出了更高的要求，绝缘电阻是表征电动汽车电气安全性能的重要参数。绝缘电阻检测的目的是消除高压电对车辆和驾乘人员潜在的人身威胁，保证电动汽车电气系统的安全。

绝缘监测工作原理主要包括桥式电阻法、低频信号注入法。

将车载高压电源作为监测电源，电源正极、负极和车辆底盘之间建立桥式阻抗网络，图 2-4-2 所示。其中，A 点与动力电池正极相连，B 点与动力电池负极相连，O 点与车辆底盘相连，R 为限流电阻，VT_1、VT_2 为电子控制开关。R_1 为动力电池正极对底盘的绝缘电阻，R_2 为动力电池负极对底盘的绝缘电阻。检测时，通过控制 VT_1、VT_2 的导通与关断，改变 AB 两点之间的等效电阻和输出电流 I，根据 U_o、I 和限流电阻 R 计算出 R_1 和 R_2。

在电动汽车的运行过程中，电压和电流是同时采集的，当 VT_1 导通、VT_2 关断时，桥式阻抗网络等效形式为 R_2 与 R 并联后再与 R_1 串联，设这时的电源电压为 U_{o1}、电流为 I_1，可以列方程：

$$U_{o1} = I_1 \left[R_1 + \frac{R_2 R}{R_2 + R} \right] \qquad (2-4-3)$$

当 VT_1 关断、VT_2 导通时，桥式阻抗网络等效形式为 R_1 与 R 并联后再与 R_2 串联，设这时的电源电压为 U_{o2}、电流为 I_2，可以列方程：

$$U_{o2} = I_2 \left[R_2 + \frac{R_1 R}{R_1 + R} \right] \qquad (2-4-4)$$

当 VT_1、VT_2 同时关断时，电流大于 2mA，说明绝缘电阻 R_1、R_2 的阻值之和小于 500Ω/V，说明电源正负极电缆对底盘的绝缘性能不好，应立即报警。

低频信号注入法的检测原理如图 2-4-3 所示。其中，A、B 分别为动力电池正、负极，R_1、R_2 分别为动力电池正、负极绝缘电阻。绝缘检测系统的主体电路有电容 C、电阻 R 和低频信号发生器 Gen（发出方波信号），信号发生器的地与汽车底盘共地。

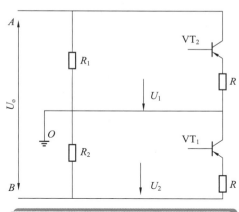

图 2-4-2 桥式阻抗网络

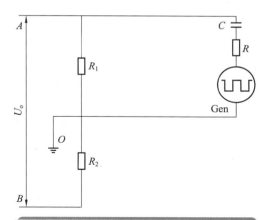

图 2-4-3 低频信号注入法的检测原理

由模拟电子电路知识可知，如果在电路中加交流电源，则电路中内阻很小的直流电压电源可视为短路。通常来讲，动力电池内阻很小，因此当信号发生器 Gen 发出交流信号后，可以认为直流电压源短路，则图 2-4-3 可以简化为图 2-4-4 所示电路。

设信号发生器 Gen 发出方波信号，电容充分充电后并联的绝缘电阻 R_1、R_2 两端的电压为 U_1、标准电阻 R 两端的电压为 U_2，则可以列出方程：

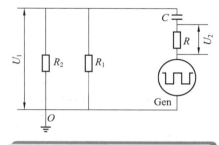

图 2-4-4 低频信号法简化电路

$$\frac{R_1 R_2}{R_1 + R_2} = \frac{U_1 R}{U_2} \leq \min(R_1, R_2) \qquad (2-4-5)$$

因此，只要 R_1、R_2 并联的等效电阻符合国家绝缘电阻标准，则正、负极绝缘电阻就能符合标准。

3. 漏电保护器

漏电保护器主要用来在设备发生漏电故障导致外壳带电时切断电源开关，防止人身碰触机器外壳发生触电事故。

漏电的检测方法通常是电流传感法，通常将正、负极母线一起穿过一个霍尔式电流传感器。当待测系统没有发生漏电时，从电源正极流出的电流等于返回电源负极的电流，即电流传感器的输出为零。当发生漏电现象时，电流传感器输出不为零，根据正、负可以判断漏电源是正极还是负极。此方法只能在待测电源处于工作状态时起作用。

4. 电位均衡

电动汽车储能系统虽为直流供电系统，但有很多感性负载，如驱动电机、电动空调压缩机电机等。这些感性负载运行时，其机体内部的绕组和高压连接电缆会通过交变电流，交变电流产生电磁场。如果电机本体和高压电缆屏蔽性能不佳或绝缘性能下降，则有可能使高压部件外壳产生感应电动势，使得高压部件外壳两点之间存在电势差，有触电的安全风险。

高压组件的可导电外壳与底盘连接，使所有高压组件可导电外壳连接成一个整体，具有相同电势，以满足高压组件系统外漏可导电部分任意两点电位差最小的要求，如图2-4-5所示。

电位均衡连接需要注意以下几点：①任一高压设备外壳应预留专用等电位连接点，并布置于设备外缘，以便用最短的导线与车架或车身连接；②等电位连接点应设计成焊接螺母或螺纹孔，便于用螺栓可靠地固定连接端子；③连接时，需保证连接孔及孔缘清洁、干燥，避免因油污、车漆等绝缘性物质增大接触电阻；④连接导线推荐使用截面积不小于 $6mm^2$ 的铜编织线，保证导线具有足够小的电阻。以上4点的最终目的是保证等电位通路中任意两个可同时被人触碰的外漏可导电部分之间的电阻不大于0.1。

5. 泄放

由于电动汽车下电后，内部电容存有大量的电荷，如果电荷没有得到有效排放，将对开关管等元器件造成损耗，同时对维修人员的人身安全造成一定的威胁。因此，要利用泄放电路将这部分电能消耗掉。泄放电路的基本形态是在电容器两端并联一个放电电阻，如图2-4-6所示。电路断电后，C 与 R 形成回路，从而将 C 储存的电量迅速消耗掉。

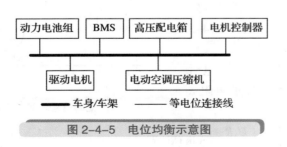

图2-4-5 电位均衡示意图

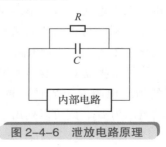

图2-4-6 泄放电路原理

三、故障分级处理

电动汽车上电后，无论车辆处于静止状态还是运行状态，整车控制器都将连续监视整车电控系统，对系统实时出现的故障进行诊断，并及时进行相应安全保护处理。根据传感器的输入信号及其他通过CAN总线通信得到的驱动电机、动力电池、车载充电机等状态信息，对各种故障进行判断、等级分类、报警显示，并实时存储故障码，供维修时查看。整车控制器对故障进行的分级及相应的处理方式（以动力电池为例）如图2-4-7所示。

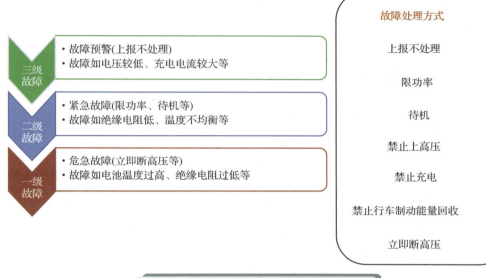

图2-4-7　动力电池故障分级处理

通过对故障进行分级处理，能够有效保证车辆的正常运行和整车安全。整车控制器通过显示系统，能够对各级故障进行显示，提醒驾驶员及时处理。例如，当空调压缩机电流过大时，整车控制器将断开空调压缩机供电电路，以对空调系统进行保护；在进行车辆换挡控制时，当整车控制器检测到驾驶员换挡误操作时，将不解读驾驶员的换挡意图，同时会通过仪表等提示驾驶员，使驾驶员迅速做出纠正。

四、比亚迪E5的高压保护

1. 高压互锁

比亚迪E5的高压互锁回路如图2-4-8所示，主要包括两个高压插接件（动力电池高压插接件和PTC水加热总成高压插接件）、维修开关和3个低压插接件。

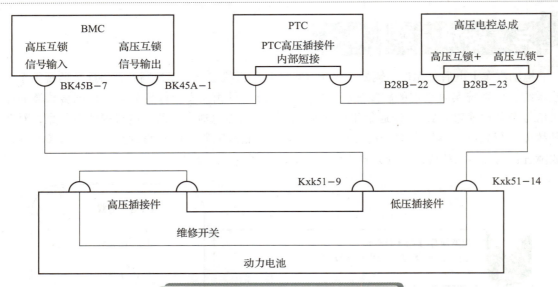

图 2-4-8 比亚迪 E5 的高压互锁回路

当 BMC（电池管理控制器）检测到互锁回路信号断开时，控制主接触器、动力电池正负极接触器断开（或处于断开状态），保证高压回路处于无电状态，从而保证安全性。

带高压互锁的高压插接件如图 2-4-9 所示。其工作原理如下：当高压插接件处于连接到位时，高压正、负极和低压互锁端都处于连接状态。当拔、插高压插头或其他原因导致高压插头松脱时，由于高压端子的针脚要长于低压端子的针脚，因此总是低压互锁端先断开，从而控制高压系统断电，这样就保证在拔下高压插头或者连接高压端子之前高压端子处于无高压电状态，从而保证系统的安全性。

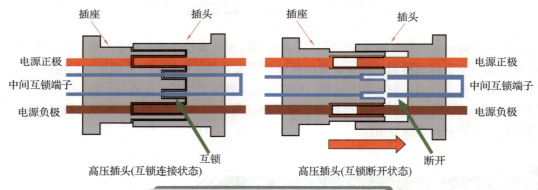

图 2-4-9 带高压互锁的高压插接件

2. 绝缘电阻检测

比亚迪 E5 绝缘电阻检测原理如图 2-4-10 所示。绝缘检测模块（漏电传感器）检测高压系统的绝缘信息，并判断是正常、一般漏电还是严重漏电。对于一般漏电或严重漏电，通过一般漏电信号线或严重漏电信号线发送给电池管理系统（BMS），电池管理系统（BMS）根据绝缘信息（一般漏电或严重漏电）采取相应保护措施（报警或立即断开高压系统，见表 2-4-1）。

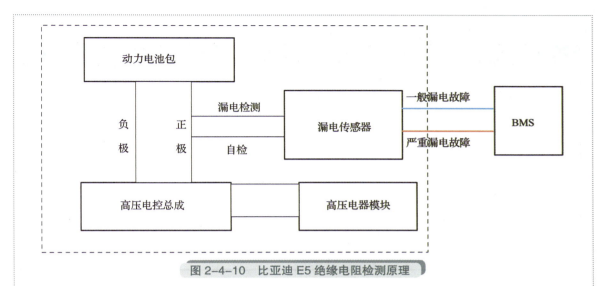

图 2-4-10　比亚迪 E5 绝缘电阻检测原理

表 2-4-1　比亚迪 E5 绝缘电阻值对应的措施

等效绝缘电阻值	漏电状态		措施
$R > 500\,\Omega/V$	正常		无
$100\,\Omega/V < R \leq 500\,\Omega/V$	一般漏电故障		仪表灯亮，报动力系统故障
$R \leq 100\,\Omega/V$	严重漏电故障	停车中	仪表灯亮，报动力系统故障；禁止上电
		充电中	断开主接触器、动力电池内部正负极接触器；仪表灯亮，报动力系统故障
		行车中	仪表灯亮，报动力系统故障；断开主接触器、动力电池内部正负极接触器

漏电传感器在高压电控总成内部，安装在 DC/DC 总成的外壳上，其位置如图 2-4-11 所示。采用的检测方法是低频信号注入法。漏电传感器内部结构如图 2-4-12 所示。

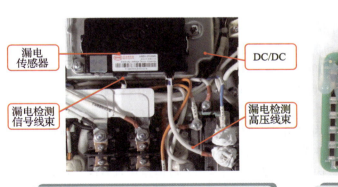

图 2-4-11　漏电传感器的位置　　　　图 2-4-12　漏电传感器内部结构

漏电传感器高低压插接件各端子定义见表 2-4-2。漏电传感器总成检测绝缘电阻，并将漏电信号发送给 BMS 以外，还有绝缘阻值通过 CAN 总线发送到动力 CAN 网络上供其他 ECU 使用。

表 2-4-2 漏电传感器高低压插接件端子定义

插接件	端子号	定义
高压插接件	1	漏电检测（接直流正极）
	2	自检（接直流正极）
低压插接件	3	CAN-L
	4	严重漏电
	5	GND
	6	双路电
	9	CAN-H
	10	一般漏电
	12	GND

3. 主动/被动泄放

主动/被动泄放原理如图 2-4-13 所示。

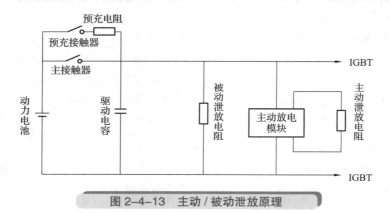

图 2-4-13 主动/被动泄放原理

主动泄放电阻通过主动泄放模块并联在驱动电容两侧，并由主动泄放模块控制工作，当整车下电后对驱动电容内高压释放。被动泄放电阻直接并联在驱动电容两侧，电动汽车上电后（主接触器吸合）一直在消耗动力电池的能量，故其阻值应该足够大，以减少能量损失。被动泄放电阻的主要作用是当主动泄放模块由于某种原因未能在规定时间内将驱动电容的电压施放到 60V 以内时，进行辅助泄放。

比亚迪 E5 的主动泄放功能能在 5s 内将驱动电容的电压降到 60V 以内；被动泄放电阻阻值为 75kΩ，动力电池额定电压下的功率为 5W 左右。当只有被动泄放电阻工作时需要 3min 左右才能将驱动电容的电压降到 60V 以内。比亚迪 E5 的主动泄放模块还具有给 VTOG 供电及检测高压电容两端电压的作用。

主动泄放模块的位置如图 2-4-14 所示，在高压电控总成上半部分，靠近驱动电机输出汇流排底下。主动泄放模块的内部结构如图 2-4-15 所示，其放电电阻是阻值为、功率为的功率电阻。被动泄放电阻是阻值、功率的功率电阻，其位置如图 2-4-16 所示。

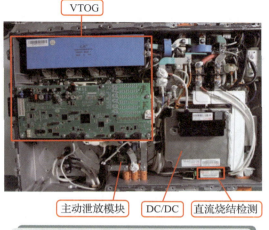

图 2-4-14 主动泄放模块的位置

图 2-4-15 主动泄放模块的内部结构

4. 接触器烧结检测

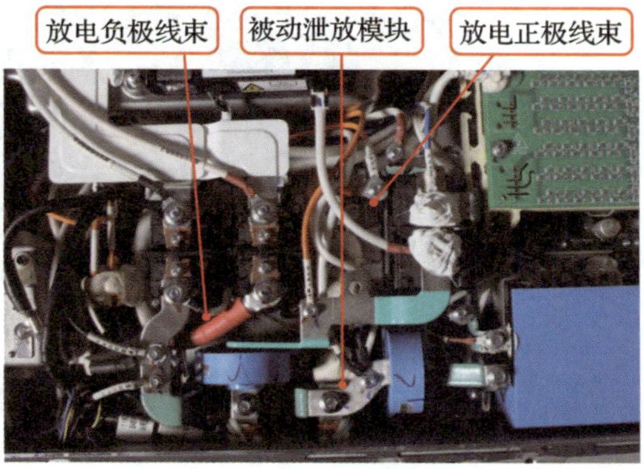

为确保高压上电、下电可控（即 BMS 能控制并确保各接触器吸合或断开）实现高压安全，只要发现接触器烧结故障，BMS 将禁止整车充放电。

（1）快充接触器烧结检测

为防止快充接触器烧结后，在充电时或打开充电口盖后可能会造成的触电等危险状况，比亚迪电动汽车具有快充接触器烧结检测功能。

快充接触器烧结检测模块位于 DC/DC 的前面，其位置如图 2-4-14 所示。其工作原理如图 2-4-17 所示，快充接触器烧结检测能检测快充正负极接触器是否都烧结，并将结果上报 BMS。

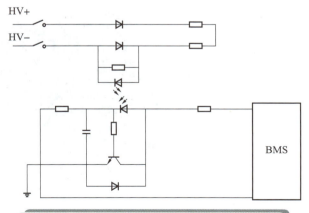

图 2-4-16 被动泄放模块的位置

（2）其他接触器烧结检测

对于主接触器、电池内部正负极接触器及预充接触器，比亚迪 E5 通过上下电时的逻辑次序来进行烧结检测，检测方法是"上电检负、下电检主"。

上电时，首先吸合正极接触器，然后吸合预充接触器，最后吸合负极接触器。因此，正常情况下，只有 BMS 控制吸合负极接触器后，VTOG 才能检测到电池包过来的预充电压；如果 BMS 控制吸合预充接触器后还未吸合负极接触器时，VTOG 就检测到了预

图 2-4-17 快充接触器烧结检测的工作原理

充电压，说明负极接触器烧结。

下电时，BMS首先断开主接触器，然后断开负极接触器，最后断开正极接触器。正常情况下，只要BMS断开主接触器，VTOG检测到的电压应该是电容两端电压（随着泄放模块工作电压迅速下降）。如果BMS在断开主接触器后还未断开负极接触器，VTOG检测到的电压不变或下降速度不大，说明主接触器可能烧结。

正极接触器和预充接触器不做烧结检测。

5. 其他安全防护措施

除上述安全措施以外，还将内部有感性负载的高压组件外壳与底盘连接，高压电控总成外壳左右各有一根接地线，PTC水加热总成外壳有一根接地线，其相对位置如图2-4-18所示。电动压缩机的固定螺栓起接地作用，所以不用附加的地线。高压部件壳体接地的目的是防止高压部件外壳产生感应电动势造成危险。

图 2-4-18 感性负载的高压组件外壳接地线束

由于快充是大电流且其波形接近方波的形式，因此快充线束也需要屏蔽接地以防止电磁辐射，如图2-4-19所示。

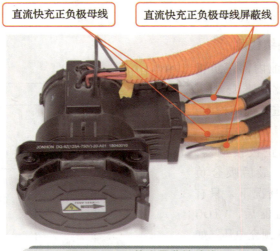

图 2-4-19 快充屏蔽接地线

五、比亚迪E5的功能类保护

1. 防溜车功能

当车辆在坡道上起步时，在驾驶员从松开制动踏板到踩下加速踏板的过程中，车辆可能会出现向后溜车的现象。此外，车辆在坡道上行驶过程中，如果驾驶员踩下的加速踏板的深度不够，导致驱动力不足时，车辆也会出现车速逐渐降到0然后向后溜车的现象。产生溜车现象的最主要原因是车辆驱动力不足以克服车辆在坡道上受到的自身重力及车轮与地面之间摩擦力的合力。为了防止车辆在坡道上向后溜车，在纯电动汽车整车控制策略中需要增加防溜车控制功能。

2. 驻车功能

比亚迪E5采用电子驻车系统（EPB），通过简单的电子驻车开关操作取代传统的手动拉杆操作，通过ECU控制电机拉索实现驻车功能，同时此系统还可以辅助安全驾驶。主要保护策略如下。

1）整车熄火或挡位在P位，系统会自动启动驻车功能，防止驾驶员忘记启动驻车制动器而出现危险。

2）整车上电，执行完换挡操作（P位到D位或P位到R位）后自动取消驻车功能，防止驾驶员忘记释放驻车制动器而出现能量损耗。

3. 异常换挡防护

纯电动汽车没有离合器踏板，而且换挡操作简单，比较容易对挡位进行调整。为防止不正常换挡，需要采取相应的安全措施。

比亚迪E5的换挡安全措施如下。

1）必须踩下制动踏板，换挡操作才有效。

2）车辆行驶中的换挡操作无效。

4. 低速提示音

根据GB/T 37153—2018的规定，M1和N1类纯电动汽车、具有纯电动行驶模式的混合动力电动汽车及燃料电池电动汽车都必须有低速提示音。

比亚迪E5的低速提示音设置如下。

1）车辆前进时，低速提示音随车速的变化而变化，如表2-4-3所示。

2）倒挡行驶时，车辆发出持续均匀的警告声。

表 2-4-3 比亚迪新能源汽车低速提示音设置

车 速	声音变化
$v = 0$ km/h	无提示音
0km/h < v ≤ 20km/h	提示音随车速的增加而增大
20km/h < v ≤ 30km/h	提示音随车速的增加而降低
v > 30km/h	提示音自动停止

拓展阅读

六、北汽高压互锁系统

北汽 EV160 的高压互锁系统如图 2-4-20 所示，整个高压互锁装置分为 3 部分。

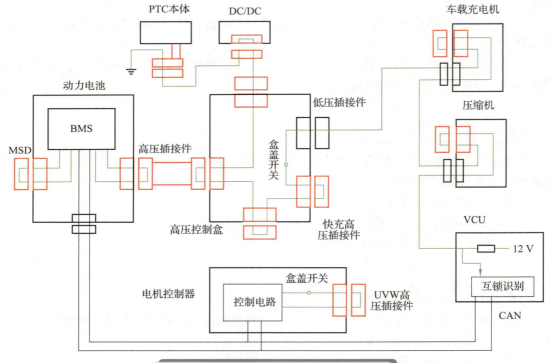

图 2-4-20 北汽 EV160 的高压互锁系统

1. 动力电池部分

动力电池部分用于监测动力电池内部回路的完整性、维修开关及动力电池插接器是否开启（断开）。BMS 根据监测到的信号直接控制动力电池高压正极母线继电器的通断，同时信号通过 CAN 总线通知 VCU，VCU 控制动力电池高压负极母线继电器的通断。

2. 电机控制器部分

电机控制器部分用于监测电机控制器内部回路的完整性，监测电机控制器 UVW 三相插头是否开启（断开）。电机控制器控制电路根据监测到的信号通过 CAN 总线通知 BMS 和 VCU，BMS 和 VCU 控制动力电池高压正负极母线继电器的通断。

3. 其他高压设备部分

其他高压设备部分用于监测其他高压设备回路的完整性，监测高压控制盒盒盖、高压附件线束插头、电机控制器供电插头、电动压缩机供电插头、车载充电机供电插头、DCDC 供电插头、PTC 加热器芯供电插头、快充线束插头是否开启（断开）。VCU 根据监测到的信号直接控制动力电池高压负极母线继电器的通断，同时信号通过 CAN 总线通知 BMS，BMS 控制动力电池高压正极母线继电器的通断。

实践操作

七、高压互锁回路认知及测试

1. 比亚迪 E5 高压互锁回路认知

比亚迪 E5 高压互锁回路如图 2-4-8 所示，包括两个高压插接件、维修开关和 3 个低压插接件。

动力电池内部回路如图 2-4-21 所示。断开动力电池高压插接器或拔下维修开关都会导致互锁回路断开。动力电池高压插座的互锁端子一个与动力电池低压插座的 9 端子相连，另一个与维修开关插座的互锁开关触点相连。维修开关插座的互锁开关触片与动力电池低压插座的 14 端子相连。

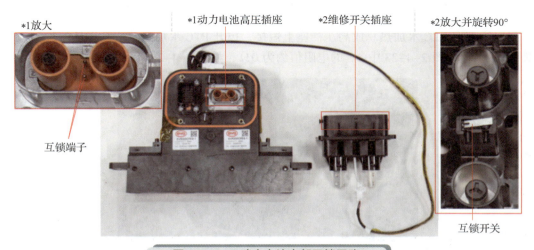

图 2-4-21　动力电池内部互锁回路

动力电池高压插头的互锁端子内部短接，与动力电池高压插座的互锁端子相连，如图2-4-22所示。拔下动力电池高压插头测量3、4端子（互锁端子）之间的电阻约为0Ω。

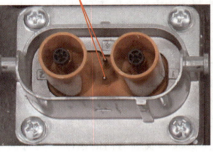

图 2-4-22　动力电池高压插头、插座上的互锁端子

由于PTC水加热总成高压插接件位于前舱易于接触的部位，为了防止非专业人员误拔而导致人/车辆危险，因此在PTC水加热总成高压插接件上设置了互锁开关，如图2-4-23所示。

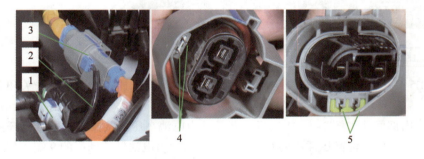

图 2-4-23　PTC水加热总成上的互锁开关

1—互锁线束插接件；2—互锁线束；3—PTC水加热总成高压插接件；
4—PTC水加热总成高压插座的互锁端子（针）；5—PTC水加热总成高压插头的互锁端子（孔）

互锁线束在PTC水加热总成高压插座上短接，拔开PTC水加热总成高压插接件测量两个互锁端子（针）（图2-4-23中4）的电阻值约为0Ω，如图2-4-24所示。

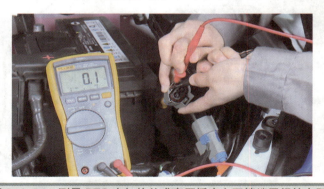

图 2-4-24　测量PTC水加热总成高压插座上互锁端子间的电阻

2. 比亚迪 E5 高压互锁测试

可以在整车处于下电状态、上电状态时分别进行高压互锁测试。

当整车处于下电状态时，拔开 PTC 水加热总成高压插接件（图 2-4-23 中 3）或高压互锁插头（图 2-4-23 中 2）。进行上电操作，观察仪表盘，仪表盘显示"请检查动力系统"，并且 OK 灯不亮，如图 2-4-25 所示。

当整车处于上电状态时，拔开 PTC 水加热总成的互锁线束插接件（图 2-4-23 中 1），仪表盘上的 OK 灯熄灭，并且显示"请检查动力系统"。

图 2-4-25　高压互锁断开时仪表盘状态

八、防溜车测试

以比亚迪 E5 纯电动汽车为例，在实车上进行防溜车测试。在进行测试时，需要预先选择测试场地。由于防溜车功能主要在车辆坡道起步时起作用，因此测试场地应选择在合适的坡道上，且测试操作应由经验丰富的驾驶员来完成。防溜车测试的具体步骤如下。

1）将车辆开至坡道上，开启电子驻车功能后关闭点火开关。

2）踩下制动踏板然后按下起动开关，通过解码仪进入 BMS 和驱动电机模块读取数据流，如图 2-4-26 所示。电池组当前总电流为 0.3A，电机转速、转矩、功率均为 0。

电池组当前总电压	664	0...1000	伏
电池组当前总电流	0.3	-500...1000	安培
最大允许充电功率	64.4	0...500	kw
动力电机转速	0	-11000...11000	转/分
电机扭矩	0	-500...500	牛顿米
电机功率	0	-200...200	Kw

图 2-4-26　停住在坡道上，电子驻车功能开动时电池、电机的信息

3）将电子换挡旋钮换至 D 位并松开电子驻车；逐渐松开制动踏板，在未踩下加速踏板时，车辆向后微微溜车，经过一小段距离后，车辆停止在坡道上。

4）通过解码仪进入 BMS 和驱动电机模块读取数据流，如图 2-4-27 所示。电池组当前总电流为 1.1A，电机转速、率均为 0，但是电机转矩变为 50N·m。

电池组当前总电压	664	0...1000	伏
电池组当前总电流	1.1	-500...1000	安培
最大允许充电功率	64.4	0...500	kw
动力电机转速	0	-11000...11000	转/分
电机扭矩	50	-500...500	牛顿米
电机功率	0	-200...200	Kw

图 2-4-27　停住在坡道上，防溜车功能开启时电池、电机的信息

前进挡位下，松开制动踏板时，车辆向后微微溜车一小段距离后停止在坡道上，是因为此时车辆的驱动力不足以克服阻力使得车辆向前行驶。此时的车辆在坡道上有向后溜车的趋势，整车控制驱动电机输出微小转矩，克服车辆向后溜车的趋势，使车辆停止在坡道上。

九、低速提示音认知及设置

比亚迪 E5 发动机音模拟器用于模拟低速行驶时内燃机汽车的声音。发动机音模拟器位于驾驶员侧保险杠的后方，如图 2-4-28 所示。

可以通过转向盘上的"确认"键和"选择"键对低速提示音进行设置。设置方法有两种，一是按转向盘上的"确定"键进入菜单，通过"确认"键和"选择"键进入"个性化"→"低速提示音"进行设置；二是按转向盘上的"选择"键直接选择"低速提示音"界面，进行设置。

低速提示音可以设置为"开启"或"关闭"，默认状态是"开启"。设置方法如下：在"低速提示音"界面长按"确定"键可以改变当前设置；设置为"关闭"后，仪表盘显示如图 2-4-29 所示，显示屏右下角有车辆喇叭 OFF 图样，表示低速提示音关闭。重新起动车辆后，低速提示音自动进入默认状态："开启"。

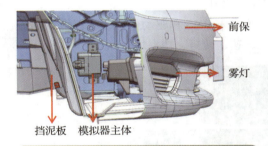

图 2-4-28 发动机音模拟器

图 2-4-29 低速提示音关闭后的仪表界面

需要注意的是，只能在短距离内没有其他道路使用者且周围环境明显不需要提示音时才可关闭低速提示音。

任务小结

1. 电动汽车高压防护措施有高压互锁、绝缘电阻检测、漏电保护器、电位均衡、泄放等。

2. 高压互锁是指危险电压连锁回路（Hazardous Voltage Interlock Loop，HVIL），即将高压封闭在一个完整的回路中，通过电气小信号来检查整个高压系统的电气完成性、连接连续性，识别回路异常断开，及时断开高压电。

3. 比亚迪 E5 的高压保护：高压互锁、绝缘电阻检测、主动/被动泄放、接触器烧结检测、其他安全防护措施。

4. 比亚迪 E5 的功能类保护：防溜车功能、驻车功能、异常换挡防护和低速提示音。

学习情境 3
整车控制系统故障诊断与修复

【学习目标】

(1) 能够正确规范的使用车间和个人防护用具；

(2) 能够正确使用解码仪进行故障码读取、数据流读取及主动测试等操作；

(3) 能够独立查阅资料，查找并读取相关电路图；

(4) 能够对常见的整车控制系统输入、输出系统故障进行故障分析；

(5) 能够独立制定整车控制系统故障的诊断流程；

(6) 能够与他人合作，进行合理分工和工作分配；

(7) 能够正确测量各 CAN 总线系统的终端电阻；

(8) 能够正确测量 CAN 总线波形和 CAN 总线电压；

(9) 能够正确检查车辆是否上电正常。

学习情境 3　整车控制系统故障诊断与修复

输入信号故障诊断与检修

任务导入

假设你在新能源汽车某 4S 店做汽车维修工，一辆电动汽车只能怠速行驶，无法加速（踩加速踏板，汽车无反应），读取 VTOG 数据流，结果发现不管踩多深，"加速踏板位置"一直为 0%，没有变化，故确定为加速踏板信号异常导致无法加速。你知道从哪查看油门位置数据流吗？你知道如何标定加速踏板深度吗？

学习目标

1. 能够熟悉电动汽车充电故障检查的基本流程；
2. 能够正确使用万用表检测 CC 与 PE 之间的电阻；
3. 能够正确使用诊断仪查看加速踏板和制动踏板位置数据流；
4. 掌握加速踏板深度的标定方法。

理论知识

一、整车控制常见输入参数

为了实现整车工作模式判定、驾驶员意图解析、整车能量管理、制动能量回馈及故障分级等功能，整车控制需要的输入参数有很多（图 3-1-1）。常见的主要信号有充电连接确认信号、加速踏板位置信号、制动踏板开关信号、挡位信号、蓄电池故障信号、安全气囊碰撞信号、真空泵压力传感器信号、制动能量回收增加/减少信号等，除此之外，还包括通过 CAN 总线获取动力电池信息、驱动电机信息等。

任务 1　输入信号故障诊断与检修

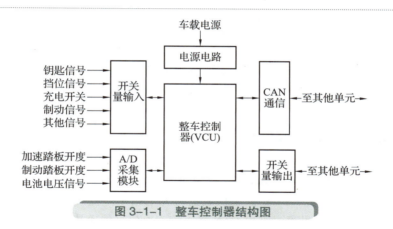

图 3-1-1　整车控制器结构图

1. 充电连接确认信号

充电连接确认信号可以用于车辆的充电过程控制，判断车辆是否进入充电模式。当整车控制器检测到充电连接确认信号后，控制车辆进入充电工作状态，整车控制器也将进行充电过程的监控。纯电动汽车常见的充电唤醒机制如图 3-1-2 所示。

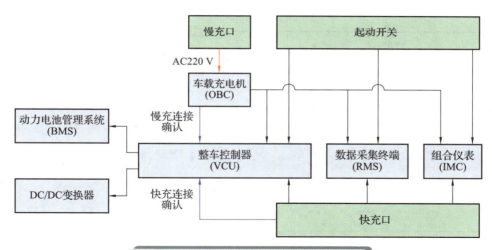

图 3-1-2　纯电动汽车常见的充电唤醒机制

（1）连接慢充枪时

连接慢充枪时，车载充电机根据慢充口上的 CC 连接信号，确认慢充枪已经插好。车载充电机确认慢充枪插好后产生慢充连接确认信号并发送给整车控制器（VCU），同时产生慢充唤醒信号发送给 VCU、数据采集终端（RMS，装有时）和组合仪表（ICM），此时仪表上显示充电连接标志。VCU 收到慢充连接确认信号后，若符合充电条件，便向 BMS 发出唤醒信号，并向 DC/DC 变换器发出使能信号。BMS（或 BMS 与 VCU）控制动力电池总负继电器、总正继电器闭合，车载充电机开始向动力电池充电，同时 DC/DC 向低压蓄电池充电。

（2）连接快充枪时

连接快充枪时，快充口给 VCU、BMS、ICM 等供 12V 的低压电。快充桩将快充连接确认信号发送给VCU，将快充唤醒信号发送给VCU、数据采集终端（RMS，装有时）和组合仪表（ICM），此时仪表上显示充电连接标志。VCU收到快充连接确认信号后，若符合充电条件，便向BMS发出唤醒信号，同时向DC/DC变换器发出使能信号。BMS（或BMS与VCU）控制动力电池总负继电器、总正继电器、快充继电器闭合，快充桩开始向动力电池充电，同时DC/DC向低压蓄电池充电。

（3）比亚迪E5的充电连接信号

比亚迪E5的充电连接信号如图3-1-3所示。交流充电连接信号（CC）、控制信号（CP）发送给高压电控总成内部VTOG ECU，交流充电连接信号（CC）通过VTOG ECU发送给BMS和BCM，BMS控制交流慢充，BCM控制仪表进行充电指示；直流充电连接信号直接发送给BMS，BMS控制直流快充，并通过充电CAN将直流充电信息传递其他控制单元。

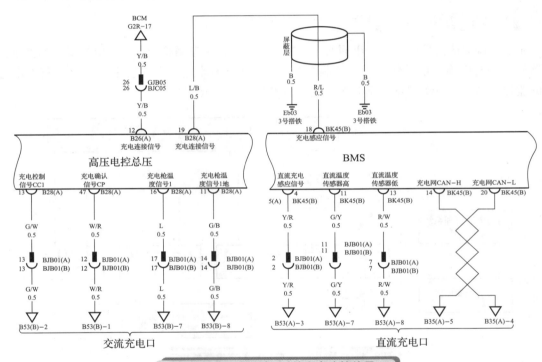

图3-1-3 比亚迪E5的充电连接信号

2. 加速踏板位置信号与制动踏板信号

加速踏板位置信号和制动踏板信号用于驾驶员意图解析功能。通过这两个信号，整车控制器（VCU）能够获知驾驶员对车辆动力的需求是起步、加速、减速还是滑行，是否急加速，是否进行制动能量回馈或进行紧急制动等。加速踏板信号可以用于车辆驱动控制，整车控制器通过当前车速及加速踏板位置可以计算当前车辆运行的驱动力需求。

（1）加速踏板位置信号

加速踏板位置传感器通常有电位计式和霍尔式两类，如图3-1-4所示。

电位计式加速踏板位置传感器属于接触式传感器，采用可变电阻分压原理；霍尔式加速踏板属于非接触式传感器，采用霍尔效应原理，无接触磨损，工作可靠。电位计式加速踏板位置传感器直接输出线性信号给整车控制器，而霍尔式加速踏板位置传感器则需要通过信号转换电路将霍尔传感器输出信号转换为线性信号。

为了便于整车控制器监测信号并保证信号的准确性，避免当一个传感器信号失效时车辆行驶出现故障，普遍采用两个加速踏板传感器。从控制角度上讲，使用一个传感器就可以使系统正常运转，但冗余设计可以使两个传感器相互检测，即当一个传感器发生故障时能及时被识别，增加了系统的可靠性，保证行车的安全性。

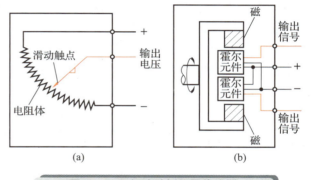

图 3-1-4　加速踏板位置传感器

（a）电位计式；（b）霍尔式

图 3-1-5 所示为比亚迪 E5 加速踏板位置传感器输入电路，为双路信号输入的冗余设计，加速踏板位置信号进入高压电控总成内部发送给 VTOG ECU，用于驱动控制。

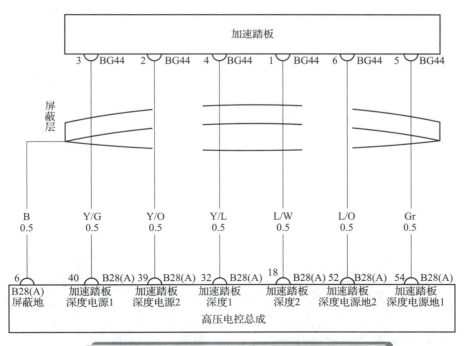

图 3-1-5　比亚迪 E5 加速踏板位置传感器输入电路

（2）制动踏板信号

制动踏板信号主要有开关信号、深度信号及制动踏板变化率，其主要作用是将驾驶员对制动踏板的动作转换为电信号传递至整车控制器，整车控制器据此解析驾驶员意图并控制制动灯工作。

当车辆静止时，整车控制器接收到制动踏板信号后，可与起动开关信号判断是否执行上电操作，也可与挡位信号判断是否执行挡位切换操作。

当车辆正常行驶时，整车控制器接收到制动踏板深度信号及制动踏板变化率后，将判断是否进行制动能量回收控制。

比亚迪 E5 制动开关电路如图 3-1-6 所示，当驾驶员踩下制动踏板后，无论车辆点火开关处于何挡位，制动灯都将点亮，并将制动信号传送给高压电控总成内部 VTOG ECU 和主控制器。

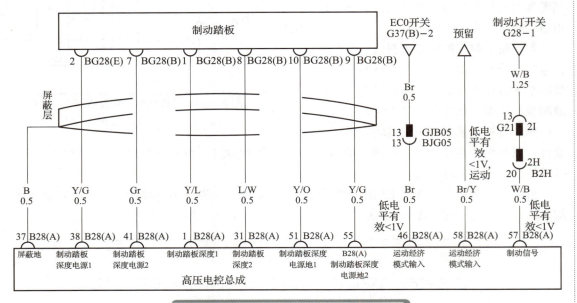

图 3-1-6　比亚迪 E5 制动开关电路

高压电控总成内部 VTOG ECU 通过制动信号、制动踏板深度信号、制动踏板变化率及挡位信号，通过电机控制器控制电机的运转模式及功率。

3. 挡位开关信号

纯电动汽车挡位信号开关通常有电子旋钮式和电子换挡手柄式两种，如图 3-1-7 所示。

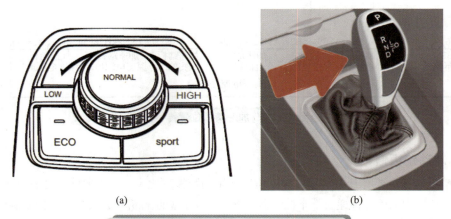

图 3-1-7　电子旋钮式与电子换挡手柄式
（a）电子旋钮式；（b）电子换挡手柄式

比亚迪 E5 的换挡信号电路如图 3-1-8 所示。当驾驶员进行挡位操作后，挡位信息通过动力网 CAN 总线传递给各控制单元。VTOG ECU 将根据当前挡位进行相应行驶模式切换控制，并将当前挡位信息在组合仪表上显示。

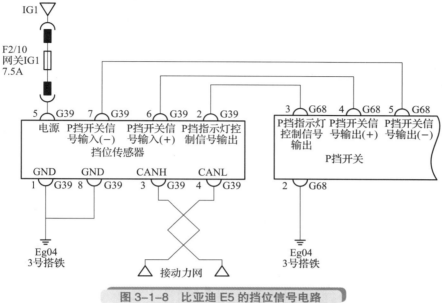

图 3-1-8　比亚迪 E5 的挡位信号电路

电动汽车普遍采用的制动能量回馈技术，虽然能够提高整车续驶里程，但是其在一定程度上影响了车辆的驾驶体验。为了保证车辆的续航能力 / 经济性，同时要有良好的驾驶体验，许多纯电动汽车设置了经济模式（ECO）和运动模式（SPORT）。驾驶员可以通过相应的按钮操作在不同模式之间进行切换。整车控制器根据驾驶员的选择控制制动能量回馈的强度或者控制电机控制器的输出功率。

比亚迪 E5 的 ECO 电路如图 3-1-9 所示，经济模式信号直接传递给高压电控总成中的 VTOG ECU，VTOG ECU 根据信号判断当前工作模式。

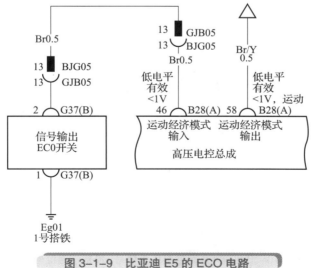

图 3-1-9　比亚迪 E5 的 ECO 电路

4. 真空压力信号

真空压力信号可以用于控制真空泵工作，也可以结合其他车辆状态信息，计算制动能量回收机制所能提供的制动力，进而对液压制动力和能量回收制动力进行合理分配。

比亚迪 E5 真空泵压力信号电路如图 3-1-10 所示。真空泵压力信号由真空泵压力传感器传给主控制器，主控制器控制真空泵工作。

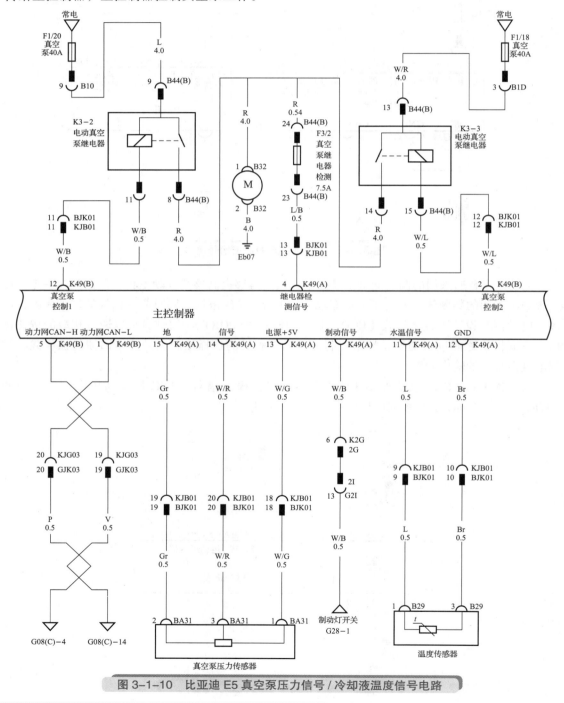

图 3-1-10　比亚迪 E5 真空泵压力信号/冷却液温度信号电路

5. 温度信号

整车控制器直接或间接（通过 CAN 总线）获得动力电池温度、驱动电机温度、IGBT 模块温度、冷却液温度信号，结合其他车辆状态信息，与电机控制器/BMS 等控制单元协同合作，控制驱动冷却系统、动力电池冷却系统工作，或者进入过冷/过热保护。

动力电池温度通常是 BMS 通过 CAN 总线传递给整车控制器，电机温度、IGBT 模块温度通常是电机控制器通过 CAN 总线传递给整车控制器。根据不同厂家的设计思路，冷却液温度信号可以直接传递给整车控制器，也可以经过其他 ECU 通过 CAN 总线传递给整车控制器。

比亚迪 E5 驱动系统冷却液温度信号电路如图 3-1-10 所示，冷却液温度信号直接传递给主控制器，主控制器控制冷却风扇工作。充电口温度信号电路如图 3-1-3 所示，慢充口温度信号传递给高压电控总成内部 VTOG ECU，快充口温度信号传递给 BMS。动力电池温度信号通过电池子网 CAN 总线传递给 BMS。动力电池冷却控制器电路如图 3-1-11 所示，动力电池温度信号传递给电池冷却控制器，电池冷却控制器控制冷却水泵工作，同时通过空调子网 CAN 总线与空调 ECU 等协同工作，控制压缩机、电子膨胀阀工作。

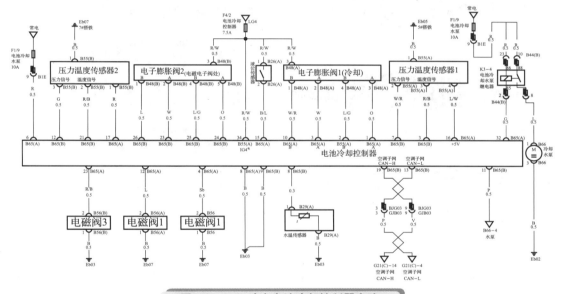

图 3-1-11　动力电池冷却控制器电路

二、整车控制输入信号异常的诊断方法

纯电动汽车整车控制器及相关传感器大多采用低压供电，因此输入电路测试以整车低压供电系统为主要对象。应检查蓄电池状态，然后根据整车电气原理图，逐一进行测试。在车辆出故障时，应先利用诊断仪进行故障码读取，缩小故障点范围，以便快速检测出故障点。输入信号故障的一般检测流程如图 3-1-12 所示。

学习情境3 整车控制系统故障诊断与修复

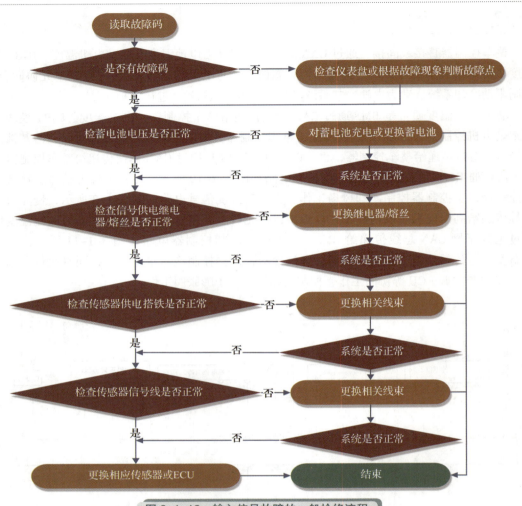

图 3-1-12 输入信号故障的一般检修流程

1. 蓄电池状态检测方法

　　蓄电池检查的状态主要包括确定蓄电池壳体是否损坏、蓄电池电极（蓄电池导线插头）是否受损、蓄电池固定是否牢固及蓄电池电量状态。蓄电池壳体损坏会导致酸液流出，流出的蓄电池酸液也会对车辆造成损坏。如有此现象发生，应迅速用电解液稀释剂或肥皂液处理被电解液所接触的汽车零件。蓄电池电极损坏，将无法保证蓄电池接线端子接触良好。若蓄电池在车辆上固定不牢固，则可能在车辆运行过程中蓄电池发生震荡，这可能会缩短蓄电池的使用寿命。蓄电池电量充足是整车低压供电系统正常工作的保证，一般情况下，蓄电池的标准电压为 11~14V。

2. 输入电路检查方法

　　整车控制器输入电路异常的主要原因多为相关传感器故障，但也不排除信号线路故障。传感器故障可以分为传感器功能故障和供电线路故障，因此在进行整车控制器输入电路异常的检查时，主要检测内容有传感器供电故障、传感器功能故障及信号线路故障 3 部分。

传感器供电故障，主要指传感器供电回路故障。由于传感器一般为低压供电，因此这种故障下，首先应测试低压供电电源电压是否正常，在低压供电电压正常的情况下，再测试供电回路通断及插接件安装是否牢固。重点检查继电器、熔断器和各插接件是否正常。

传感器功能故障，原因可能是车辆运行过程中的颠簸和震动导致的传感器的损坏。这种故障下，主要测试传感器信号输出端是否有信号输出，以及输出信号是否正常。

信号线路故障，通常指传感器或开关信号传输线故障，原因主要有信号线路断路、插接件松动。这种故障下，传感器功能完好，只是线路问题导致整车控制器无法正常接收信号，因此检测时主要测试信号线路通断与否，以及相关插接件是否牢固。

拓展阅读

三、霍尔元器件的原理及应用

霍尔元器件是一种磁感器件，具有结构牢固、体积小、重量轻、寿命长、安装方便、功耗小、频率高、耐腐蚀等许多优点。霍尔元器件通常用于有磁场存在的场合，它能够将诸多非电、非磁的物理量（如力、力矩、压力、位置、位移、速度、加速度、转速等）转变成电信号进行检测和控制。霍尔元器件的工作原理是基于霍尔效应的，通常具有霍尔效应的元器件被称为霍尔元器件。

1. 霍尔效应

如图3-1-13所示，在一块通电半导体薄片上通上电流，在薄片表面垂直方向施加磁场B，薄片的横向两侧会产生一个电压V_H，这种现象就是"霍尔效应"，电压V_H称为"霍尔电压"。该现象是由科学家爱德文·霍尔于1879年发现。

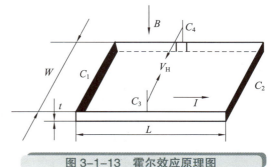

图3-1-13 霍尔效应原理图

霍尔效应的产生原理：通电半导体薄片中的载流子在磁场中受到洛仑兹力的作用，分别向薄片横向两侧偏移和积聚而形成一个电场，称作霍尔电场。霍尔电场产生的电场力与洛仑兹力相反，从而阻碍了载流子的继续堆积，直到霍尔电场力与洛仑兹力相等。此时，薄片两侧就建立起一个稳定的电压，即霍尔电压。

2. 霍尔元器件

霍尔元器件是指具有霍尔效应的元器件，多由半导体材料（如Ge、Si、InSb、GaAs等）及多层半导体异质结构量子材料制成，其输出特性根据半导体材料的不同而不同。例如，由InSb和GaAs两种材料制成的霍尔元器件的输出特性如图3-1-14所示。

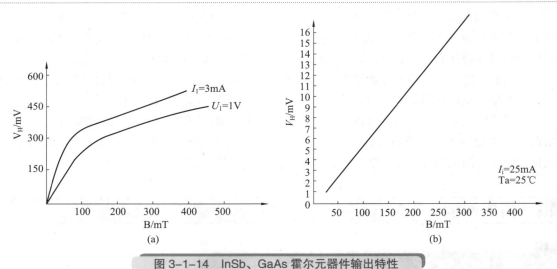

图 3-1-14 InSb、GaAs 霍尔元器件输出特性

（a）InSb 霍尔元器件输出特性；（b）GaAs 霍尔元器件输出特性

3. 霍尔集成电路

霍尔集成电路是将霍尔元器件与相关的信号处理电路集成在一个芯片上的集成电路，按其输出信号类型可分为霍尔线性电路和霍尔开关电路两类。

霍尔线性电路一般由霍尔元器件、差分放大器和射极跟随器组成，其输入电压和加在霍尔元器件上的磁感应强度 B 成比例，其电路与输出特性如图 3-1-15 所示。霍尔线性电路具有灵敏度高和线性度好的特点，适用于各种磁场的检测。

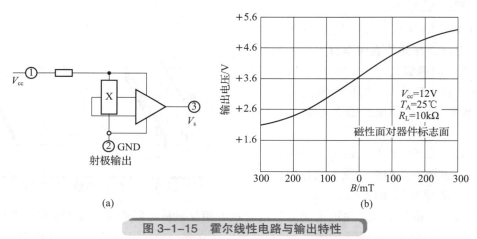

图 3-1-15 霍尔线性电路与输出特性

（a）霍尔线性电路；（b）霍尔线性电路输出特性

霍尔开关电路又称霍尔数字电路，一般由霍尔元器件、稳压器、差分放大器、施密特触发器和输出极组成。霍尔开关电路通过施密特触发器的导通阈值进行输出控制：当外磁场磁感应强度超过导通阈值上限时，霍尔电路输出低电平，此时磁感应强度再增加，电路仍保持导通状态；当外磁场磁感应强度低于导通阈值下限时，霍尔电路输出高电平。一般称导通阈值上限与下限的差别为回差，回差的存在使得开关电路的抗干扰能力增强。霍尔开关电路与其输出特性如图 3-1-16 所示。

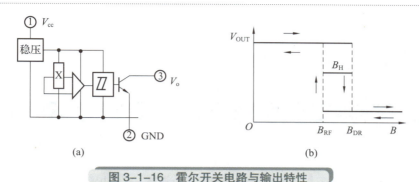

图 3-1-16 霍尔开关电路与输出特性
（a）霍尔开关电路简图；（b）霍尔开关电路输出特性

实践操作

四、充电连接指示灯亮的诊断与修复

车辆未进行充电操作，充电口处于关闭状态，但仪表盘显示："充电连接中，请稍候……"，如图 3-1-17 所示。

根据《电动汽车传导充电系统的规定》（GB/T 18487.1—2015）可知电动汽车通过判断检测点 3 与 PE（地）之间的电阻值来判断充电插头与插座是否完全连接，如图 3-1-18 所示。未连接时，CC 处于断开状态，检测点 3 与 PE 之间的电阻值为无穷大；半连接时，S_3 处于断开状态，CC 已连接，检测点 3 与 PE 之间的电阻值为 R_C+R_4；完全连接时，S_3 处于闭合状态，CC 已连接，检测点 3 与 PE 之间的电阻值为 R_C。车辆通过检测 R_4 的阻值来判断充电电缆的额定容量。

图 3-1-17 未插充电枪时仪表显示充电信息

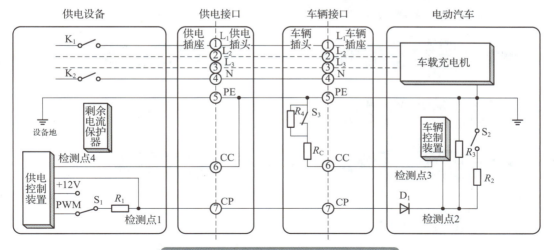

图 3-1-18 电动汽车充电连接示意图

出现上述故障说明 BMS 接收到了充电连接信号（CC 信号），即检测点 3 与 PE 之间的电阻值不为无穷大。正常情况下，比亚迪 E5 CC 与 PE 之间电阻为无穷大；充电时根据所使用的充电线的不同，CC 与 PE 之间的电阻有所不同，如表 3-1-1 所示。

表 3-1-1 充电时 CC 与 PE 之间的电阻值

S_3 状态	CC 与 PE 之间的电阻值	车辆接口连接状态及额定电流
	无穷大	车辆接口未连接
断开	$R_C + R_4 = 3.3\text{k}\Omega$	车辆处于半连接状态
闭合	$R_C = 1.5\text{k}\Omega$	车辆已完全连接，充电电缆容量为 10A
断开	$R_C + R_4 = 3.38\text{k}\Omega$	车辆处于半连接状态
闭合	$R_C = 680\Omega$	车辆已完全连接，充电电缆容量为 16A
断开	$R_C + R_4 = 3.52\text{k}\Omega$	车辆处于半连接状态
闭合	$R_C = 220\Omega$	车辆已完全连接，充电电缆容量为 32A
断开	$R_C + R_4 = 3.4\text{k}\Omega$	车辆处于半连接状态
闭合	$R_C = 100\Omega$	车辆已完全连接，充电电缆容量为 63A

车辆未进行充电操作，充电口处于关闭状态，仪表盘显示："充电连接中，请稍候……"充电连接指示灯亮的诊断流程如图 3-1-19 所示。

图 3-1-19 充电连接指示灯亮的诊断流程

（1）检查慢充线束

拔下高压电控总成上低压插接件2（位置如图3-1-20所示），检查插头侧13号端子（CC）与车身之间的电阻，正常应为无穷大，异常则需要维修或更换慢充线束。

图3-1-20　高压电控总成上低压插接件位置

（2）检查高压电控总成内部CC线

保持低压插接件2仍然处于断开状态，拔下高压电控总成上低压插接件1（位置如图3-1-20所示），检查插座侧19号端子（CC）与车身之间的电阻，正常应为无穷大，异常则需要维修或更换高压电控总成。

（3）检查BMC与高压电控总成连接线束

保持高压电控总成上低压插接件1仍然处于断开状态，拔下BMC（电池管理控制器）上低压插接件2（图3-1-21），检查插头侧18号端子与车身之间的电阻，正常应为无穷大，异常则需要维修或更换BMC与高压电控总成连接线束。

如果上述检查结果均正常，则认为BMC内部故障，应维修或更换BMC。

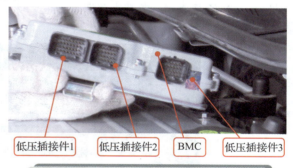

图3-1-21　电池管理控制器（BMC）

五、无法加速故障诊断与修复

1. 故障现象

一辆比亚迪E5电动汽车只能怠速行驶，无法加速（踩加速踏板，汽车无反应），同时仪表没有故障提示。

2. 原因分析

从车辆无法加速且不报故障的故障现象分析，可能存在以下几个方面：BMS限制功率输出、加速踏板信号异常、VTOG故障或电机故障等。

3. 诊断过程

（1）用解码仪进行诊断

用解码器扫描整车故障，无故障码；读取 BMS 数据流，BMS 最大允许放电功率为 200.4kW，并无限制功率输出，如图 3-1-22 所示。

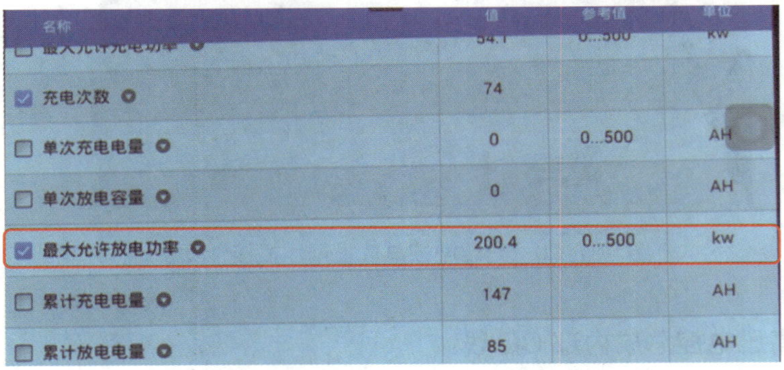

图 3-1-22　BMS 数据流

读取 VTOG 数据流，整车上电且挡位为 P 位，踩动加速踏板同时观察数据流中"油门位置"是否有变化（正常情况为：未踩下为 0%、踩到底为 99%），结果发现不管踩多深，"油门位置"一直为 0%，没有变化，故确定为加速踏板信号异常导致无法加速故障。"油门位置"数据流位于 VTOG-DSP2 中，如图 3-1-23 所示。

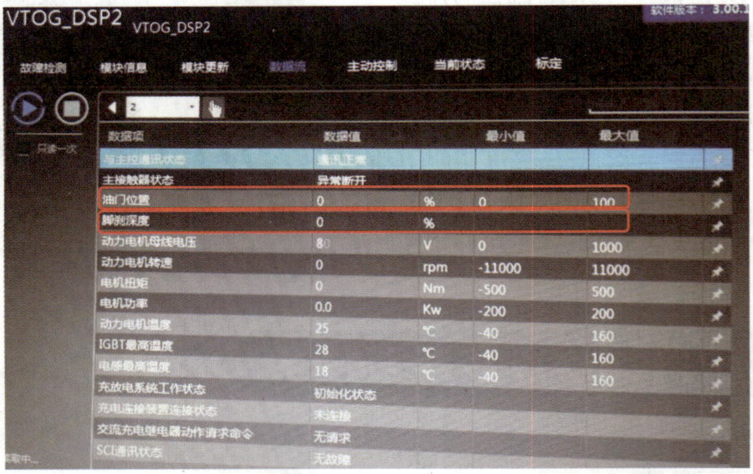

图 3-1-23　VTOG-DSP2 中的"油门位置""脚刹深度"数据流

（2）检查加速踏板深度传感器供电

测量上电时加速踏板深度传感器供电是否正常，操作如下：

整车下电后等待 5min，断开蓄电池负极，拔下加速踏板深度传感器的 BG44 接插件；然后接上蓄电池负极，再上电。

测量线束端 3 号针脚（黄绿线）与 5 号针脚（灰线）、2 号针脚（黄橙线）与 6 号针脚（蓝橙线）之间电压，测量结果为5V，正常。

（3）检查加速踏板深度传感器信号

测量加速踏板深度传感器上4号针脚与5号针脚、1号针脚与6号针脚之间电阻在踩动踏板时的阻值。结果显示，随着踩动加速踏板，其阻值是连续变化的。在此过程中读取VTOG-DSP2数据流中"油门位置"一项，结果显示"油门位置"一直为0%。

（4）故障确认与排除

由于加速踏板深度传感器正常，而控制单元（即VTOG）数据流显示："油门信号一直为0"，这说明加速踏板信号未传递到VTOG，故确认为VTOG故障。更换高压电控总成后，故障提示消失。

（5）标定

更换"四合一"时，不但要进行旧控制器清码和新控制器编程（防盗），而且要通过VDS1000确认新"四合一"的制动踏板深度信号是否正常：即不踩制动踏板时，VTOG-DSP2的"脚刹深度"应为0%（图3-1-23），否则需重新标定。

"刹车深度"的标定方法：整车上电，挡位为P位，然后深踩制动踏板（50%~100%）持续5s以上，电控便可自动标定。查看VTOG-DSP2中"脚刹深度"在不踩制动踏板时是否回到0，如没有回到0，则重复按照以上方法标定。切记在整个标定过程切勿随意踩动制动踏板。

任务小结

1. 整车控制常见的主要信号有充电连接确认信号、加速踏板位置信号、制动踏板开关信号、挡位信号、蓄电池故障信号、安全气囊碰撞信号、真空泵压力传感器信号、制动能量回收增加/减少信号等。

2. 充电连接确认信号可以用于车辆的充电过程控制，判断车辆是否进入充电模式。当整车控制器检测到充电连接确认信号后，控制车辆进入充电工作状态，整车控制器也将进行充电过程的监控。

3. 加速踏板位置信号和制动踏板信号用于驾驶员意图解析功能。通过这两个信号，整车控制器（VCU）能够获知驾驶员对车辆动力的需求是起步、加速、减速还是滑行，是否急加速，是否进行制动能量回馈或进行紧急制动等。

4. 为了便于整车控制器监测信号并保证信号的准确性，避免当一个传感器信号失效时车辆行驶出现故障，普遍采用两个加速踏板传感器。

5. 制动踏板信号主要有开关信号、深度信号及制动踏板变化率，其主要作用是将驾驶员对制动踏板的动作转换为电信号传递至整车控制器，整车控制器据此解析驾驶员意图并控制制动灯工作。

学习情境3　整车控制系统故障诊断与修复

输出信号故障诊断与检修

任务导入

一辆比亚迪 E5 车辆上电时 OK 灯不能点亮，车辆无法行驶，仪表显示"请检查动力系统"，经诊断是动力电池正极接触器损坏，更换后故障排除。如何检查动力电池正极接触器损坏故障？如何更换动力电池正极接触器呢？

学习目标

1. 能够迅速读取电动汽车数据流。
2. 能够完成车间和个人防护。
3. 能够安全测量高压系统电压。
4. 能够正确查询维修手册，找到相关端子定义。
5. 能够安全快速地拆装动力电池。

理论知识

　　整车控制中的很多输出信息是通过 CAN 通信进行传输的，如功率分配控制信息。功率分配要综合车辆信息、动力电池信息和电机信息通过计算进行电机功率分配，进行车辆的驱动控制、制动能量回馈控制、空调能量控制等。另外，还有一些输出是直接控制的，如高压系统的各个接触器控制、真空泵控制、冷却水泵控制、冷却风扇控制、仪表指示灯等。

一、比亚迪 E5 输出信号及电路

1. 接触器控制

　　比亚迪 E5 高压系统的接触器有位于动力电池内部的动力电池正负极接触器、高压电控总成内部的主接触器及直流快充正负极接触器。这些接触器全部由 BMS 控制，控制电路如图 3-2-1 所示。

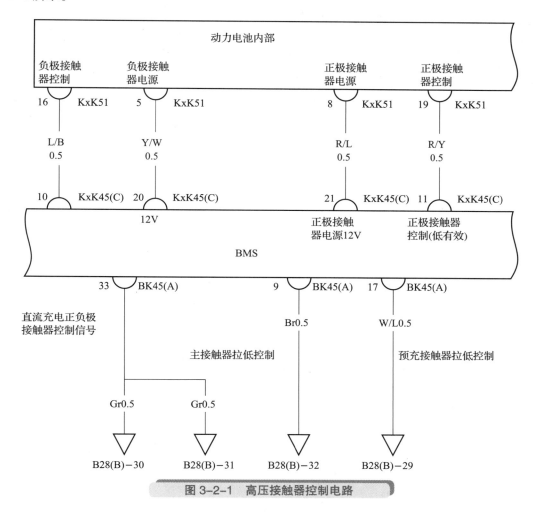

图 3-2-1　高压接触器控制电路

当 BMS 接收到上电信号或充电信号后，控制各个接触器闭合，具体顺序如下：首先控制正极接触器吸合，其次控制预充接触器吸合，然后控制负极接触器吸合，最后控制主接触器吸合。

当 BMS 接收到下电信号后，控制各个接触器断开，具体顺序如下：首先控制主接触器断开，然后控制负极接触器断开，最后控制正极接触器断开。

2. 真空泵控制

电动汽车采用电机驱动，取消了传统的发动机，因此失去了真空来源，即无法为汽车制动总泵提供真空助力。电动真空泵的使用，可以保证助力器内的真空度维持在一定的水平，为汽车行驶提供良好的制动效能、保障行车的安全性。

真空助力系统的具体控制过程如下：当驾驶员发动汽车时，12V 电源接通，电子控制系统模块开始自检，如果真空系统内的真空度小于设定值，真空压力传感器输出相应电压值至控制器，此时控制器控制电动真空泵开始工作，当真空度达到设定值后，真空压力传感器输出相应电压值至控制器，此时控制器控制真空泵停止工作。当真空系统内的真空度因制动消耗，真空度小于设定值时，电动真空泵再次开始工作，如此循环。

比亚迪 E5 的真空泵控制电路如图 3-2-2 所示。当主控制器接收到压力传感器信号，判断出真空系统的压力低于正常工作限值时，主控制器 2 号或者 12 号引脚控制真空泵继电器接地，电动真空泵供电回路导通，产生真空度，保证真空助力系统正常工作。其特点是，比亚迪 E5 纯电动汽车的真空泵控制及供电线路有两条，这种冗余设计的目的是提高可靠性。

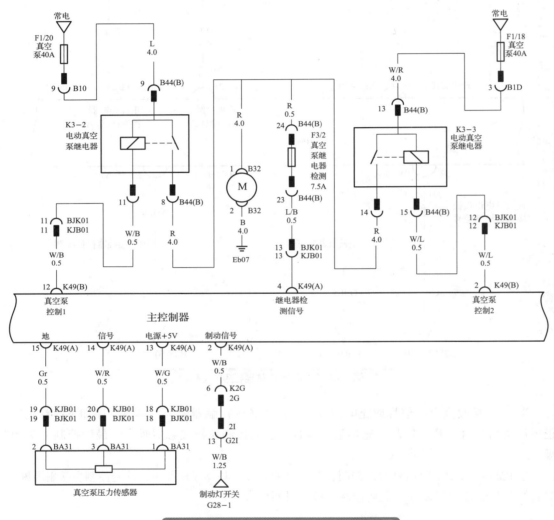

图 3-2-2　比亚迪 E5 的真空泵控制电路

3. 冷却风扇控制

比亚迪 E5 冷却风扇继电器控制电路如图 3-2-3 所示。主控制器（主控 ECU）通过控制 3 个继电器来控制风扇的转速。当电机冷却液温度较低时，主控制器（主控 ECU）控制 K49-4 和 K49-5 均不导通，低速风扇继电器 KB-1 和高速风扇继电器 KB-3 断开，两个冷却风扇不转动；当电机温度较高时，主控制器控制 K49-4 导通，低速风扇继电器 KB-1 吸合，两个冷却风扇串联接通电源（B+），从而低速转动；当电机温度高时，主控制器控制 K49-5 导通，高速风扇继电器 KB-3 吸合，风扇模式继电器 KB-2 吸合，冷却风扇电机 7 通过高速风扇继电器接通电源，从而高速转动；如果温度继续升高，主控制器控制 K49-3 和 K49-5 均导通，冷却风扇电机 7 通过高速风扇继电器接通电源，从而高速转动，冷却风扇电机 9 通过低速风扇继电器接通电源、通过风扇模式继电器接地，从而高速转动。

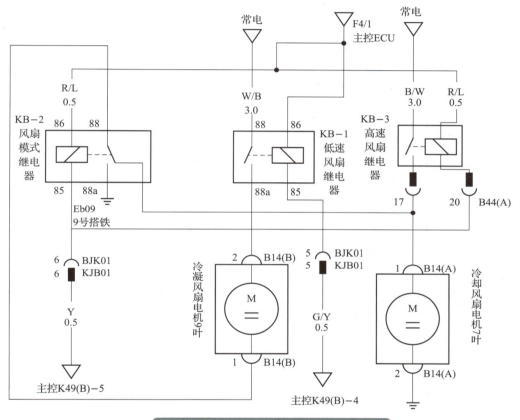

图 3-2-3 比亚迪 E5 冷却风扇控制电路

4. 冷却水泵控制

纯电动汽车中需要进行冷却的部件（总成）主要有驱动电机、电机控制器、车载充电机、DC/DC、动力电池及电动压缩机。其中，电动压缩机通常用制冷剂进行冷却，其他零部件或总成需要以水冷或风冷方式冷却。比亚迪 E5 以水冷方式冷却的部件有驱动电机、高压电控总成（内部集成有电机控制器、车载充电机、DC/DC 等）和动力电池。

比亚迪 E5 驱动电机冷却水泵是常转的，即只要有双路电就会一直工作，即上电或充电时都一直在工作，其控制电路如图 3-2-4 所示。驱动电机冷却系统的作用是给高压电控总成和驱动电机散热。

比亚迪 E5 动力电池热管理由动力电池热管理控制器和空调 ECU 协同控制，其中动力电池冷却水泵由动力电池热管理控制器控制，其控制电路如图 3-2-5 所示。

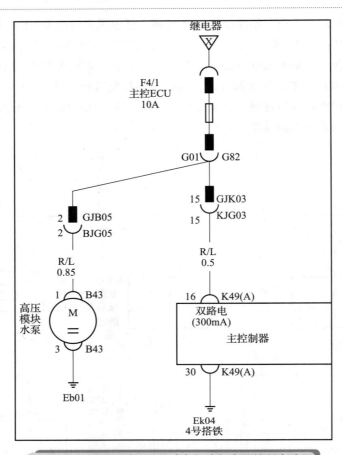

图 3-2-4 比亚迪 E5 驱动电机冷却水泵控制电路

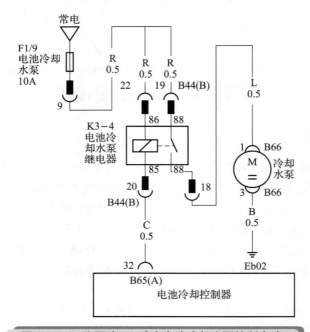

图 3-2-5 比亚迪 E5 动力电池冷却水泵控制电路

拓展阅读

二、吉利EV450输出信号及电路

1. 接触器控制

吉利EV450高压系统的接触器全位于动力电池箱的正负极输出端,称为电池高压分配单元(B-BOX),接触器有主负接触器、正极主接触器、预充接触器1、快充接触器、预充接触器2,如图3-2-6所示。这些接触器均由BMS直接控制。

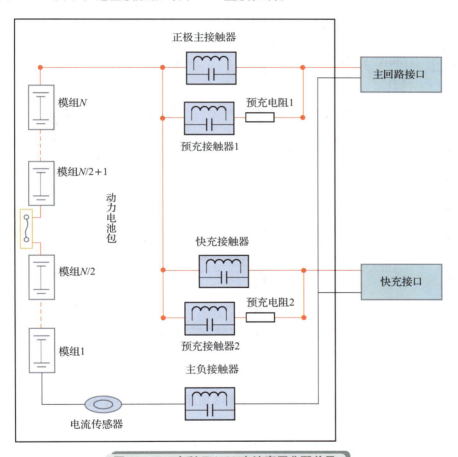

图3-2-6 吉利EV450电池高压分配单元

2. 真空泵控制

吉利EV450的真空泵控制电路如图3-2-7所示。当ESC控制器接收到压力传感器信号,判断出真空罐内的压力低于正常工作限值时,ESC控制器3号引脚控制真空泵继电器接地,电动真空泵供电回路导通,产生真空度,保证真空助力系统正常工作。

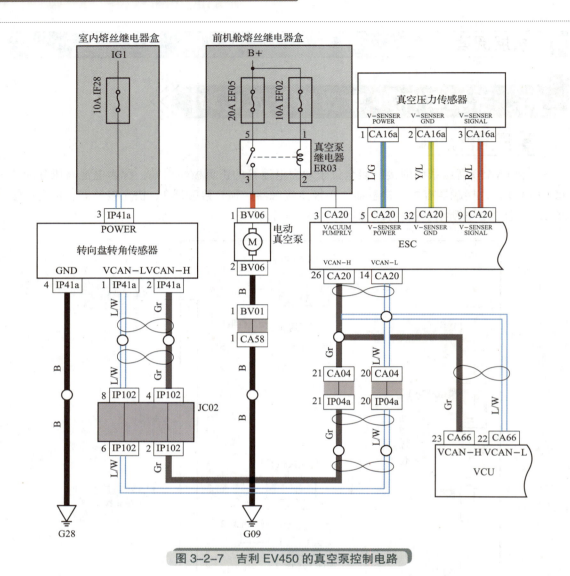

图 3-2-7 吉利 EV450 的真空泵控制电路

3. 冷却风扇控制

吉利 EV450 风扇继电器控制电路如图 3-2-8 所示。当电机冷却液温度较低时，整车控制器控制低速风扇继电器 ER12 和高速风扇继电器 ER13 断开，两个冷却风扇不转动；当电机温度较高时，整车控制器控制低速风扇继电器 ER12 吸合，两个冷却风扇串联电阻接通电源（B+），从而低速转动；当电机温度高时，整车控制器控制高速风扇继电器 ER13 吸合，两个冷却风扇直接接通电源（B+），从而高速转动。

4. 冷却水泵控制

吉利 EV450 中水冷的部件主要有电机控制器、驱动电机、车载充电机和动力电池。吉利 EV450 电机水泵的控制电路如图 3-2-9 所示。VCU 通过冷却水泵继电器控制水泵的运转，作用是通过冷却液循环散热为驱动电机、车载充电机、电机控制器这三大部件进行散热。

任务2　输出信号故障诊断与检修

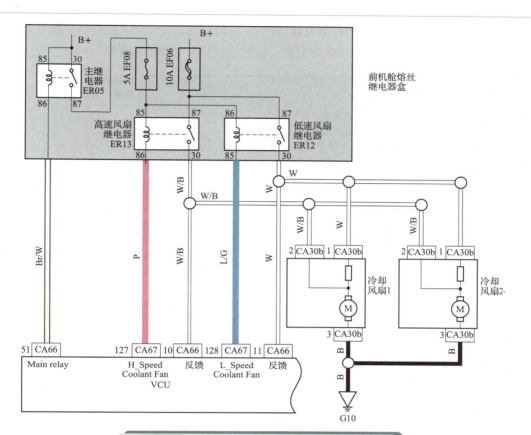

图 3-2-8　吉利 EV450 风扇继电器控制电路

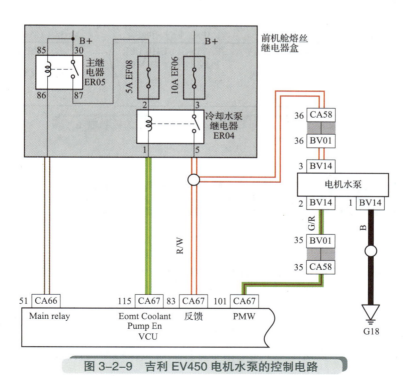

图 3-2-9　吉利 EV450 电机水泵的控制电路

吉利 EV450 动力电池水泵的控制电路如图 3-2-10 所示，A/C 空调控制器控制动力电池水泵（水冷水泵）、VCU 控制 PTC 加热控制器，协同进行动力电池的热管理。

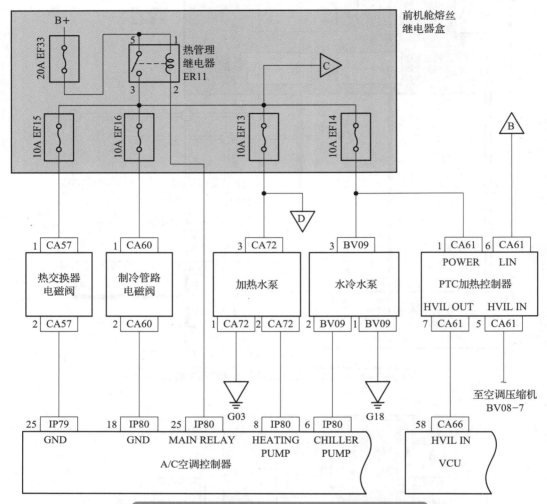

图 3-2-10　吉利 EV450 动力电池水泵的控制电路

三、北汽 EV160 输出信号及电路

1. 接触器控制

北汽 EV160 高压系统的接触器分别位于动力电池内和高压盒内，位于动力电池内部的有总正接触器、总负接触器和预充接触器 3 个；此外还有一个用于动力电池加热的 PTC 加热接触器，如图 3-2-11 所示。

总负接触器由 VCU 控制，总正接触器和预充接触器由 BMS 控制。当 VCU 接收到上电信号或充电信号后，向 BMS 发送上电/充电信号并控制总负接触器闭合；BMS 控制预充接触器闭合，预充完成后 BMS 控制总正接触器闭合并断开预充接触器。

当 VCU 接收到下电信号后，向 BMS 发送下电信号并控制总负接触器断开；BMS 控制总正接触器断开。

位于高压盒内的有快充正极继电器和快充负极继电器，它们均由 VCU 控制。其控制电路如图 3-2-12 所示。

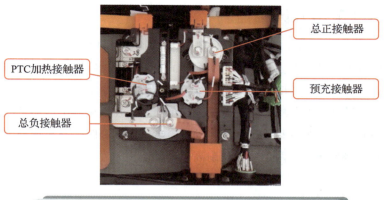

图 3-2-11 北汽 EV160 动力电池接触器盒内部结构

2. 真空泵控制

北汽 EV160 的真空助力系统控制电路如图 3-2-13 所示。在该系统中，电动真空泵的控制是通过压力传感器信号进行的。当整车控制器接收到压力传感器信号，判断出真空罐内的压力低于正常工作限值时，整车控制器 V3 引脚输出电源，控制电动真空泵工作，以维持真空罐真空度，保证真空助力系统的正常工作。

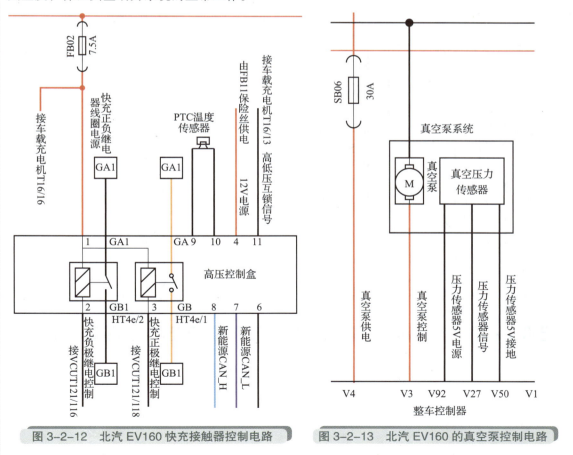

图 3-2-12 北汽 EV160 快充接触器控制电路　　图 3-2-13 北汽 EV160 的真空泵控制电路

3. 冷却风扇控制

北汽 EV160 风扇继电器控制电路如图 3-2-14 所示。驱动电机中的电机温度传感器将驱动电机温度信号传送给电机控制器，电机控制器将温度信号通过新能源 CAN 发送给整车控制器 VCU。当电机温度较低时，整车控制器控制风扇继电器 1 线圈和 2 线圈回路断电，两个冷却风扇不转动；当电机温度较高时，整车控制器控制风扇继电器 2 线圈通电、风扇继电器 1 线圈回路断电，两个冷却风扇低速转动；当电机温度高时，整车控制器控制风扇继电器 1 线圈和 2 线圈回路均通电，两个冷却风扇高速转动。

4. 冷却水泵控制

北汽 EV160 中驱动电机、电机控制器采用水冷的方式；车载充电机、DC/DC 采用风冷的方式，动力电池采用自然冷却的方式。

北汽 EV160 水泵继电器控制电路如图 3-2-15 所示。北汽 EV160 中的冷却系统主要作用于电机驱动系统，为电机控制器和驱动电机进行冷却。水泵的作用是使冷却液在冷却系统中循环。当需要对电机控制器和驱动电机冷却时，整车控制器控制 V115 引脚输出低电平，水泵继电器线圈通电，继电器吸合，水泵开始工作，冷却液在冷却系统中开始循环。

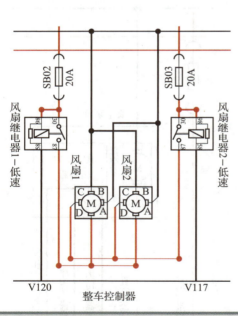

图 3-2-14　北汽 EV160 风扇继电器控制电路

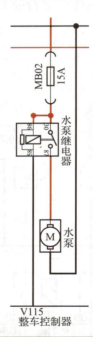

图 3-2-15　北汽 EV160 水泵继电器控制电路

> **实践操作**

四、案例分析

1. 故障现象

一辆比亚迪 E5 车辆上电时，OK 灯不能点亮，车辆无法行驶，仪表显示"请检查动力系统"，如图 3-2-16 所示。

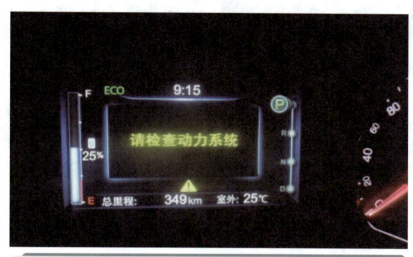

图 3-2-16　比亚迪 E5 仪表显示"请检查动力系统"且 OK 灯不亮

2. 故障原因分析

OK 灯不能点亮，表明高压预充没有成功。

预充过程：起动车辆时，为缓解对高压系统的冲击，电池管理器先吸合预充接触器，电池包的高压电经过预充接触器串联的限流电阻后加载到 VTOG 母线上，VTOG 检测到母线上的电压与电池包电压相差在 50V 以内时，通过 CAN 通道向电池管理器反馈一个预充满信号，电池管理器收到预充满信号后控制主接触器吸合，断开预充接触器。

电池包的电压能否整体输出，"四合一"中预充接触器、预充电阻、放电主接触器、VTOG 母线电压监测是否正常，都可能引起预充失败。

3. 故障检查与修复

（1）用解码仪进行诊断

连接诊断设备，扫描 BMS 系统报故障：预充失败故障（图 3-2-17），确定因预充失败导致无法上电。

读取 BMS 数据流（图 3-2-18）：SOC 25%、电池组当前总电压 621V、允许充放电功率正常（最大允许充电功率 80.7kW，最大允许放电功率 108.6kW），即 BMS 没有限制电池包对外放电。

图 3-2-17　解码仪扫描到预充失败故障　　　　图 3-2-18　BMS 数据流

上电瞬间观察各接触器的动态数据，发现相关接触器（预充接触器、负极接触器、正极接触器）都先吸合后断开，"预充状态"也由"正在预充"变为"预充失败"（图 3-2-19），这说明 BMS 控制没有异常。

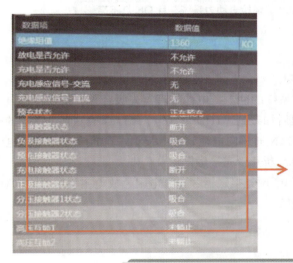

图 3-2-19　上电瞬间接触器状态及预充状态

读取上电 VTOG 中"动力电机母线电压"只有 18V（图 3-2-20），说明预充时 VTOG 未检测到动力电池电压。可能的原因是，电池包电压没有输出到高压电控总成（VTOG），或者高压电控总成中 VTOG 母线电压监测存在问题。

图 3-2-20 VTOG-DSP2 数据流

（2）检查上电时，动力电池是否输出电压

通过测量动力电池与高压电控总成连接高压母线电压的方法，判断动力电池是否输出电压。

测量方法如下：

整车退电后等待 5min，断开蓄电池负极；将高压电控总成的直流母线输入断开；连接蓄电池负极。戴好绝缘手套，然后测量上电瞬间（即相关接触器吸合）正负母线之间的电压，读数为 0，说明上电时，动力电池并未对外输出电压，如图 3-2-21 所示。

图 3-2-21 检测上电瞬间正负极母线之间的电压

(3) 检查动力电池连接线束

拆下动力电池母线（图 3-2-22），测量正负母线之间的电阻，结果显示阻值均小于 0.1Ω，正常。

用同样的方法检查动力电池采样通信线束（图 3-2-23），未见异常。

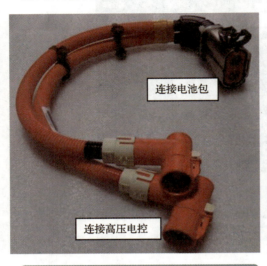
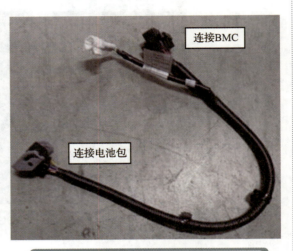

图 3-2-22　动力电池母线　　　　　图 3-2-23　动力电池采样通信线束

(4) 检查各接触器供电及控制信号

检查方法如下：整车退电后等待 5min，断开蓄电池负极；将 BMC 低压插接器 3 拔下；连接蓄电池负极。

上电，用万用表测量 BMC—低压插接件 3 上 20、21 端子（动力电池正负极接触器供电）与车身地之间电压，测量结果为 12V，正常。多次进行上电操作，并测量上电瞬间 BMC 上 10、11 端子（动力电池正负极接触器搭铁）与车身地之间电压，测量结果如下：上电瞬间能检测到 10、11 端子电压下降 0，正常。通过上述检查，说明 BMS 控制正常，故障出在动力电池包内部。

(5) 检查接触器线圈电阻

测量低压插接件 3 插头侧 10 端子与 20 端子之间电阻，为 101Ω，正常。测量 11 端子与 21 端子之间电阻，为无穷大，说明接触器线圈断路。

(6) 故障排除

拆下电池包并打开电池包上盖，拆下动力电池接触器盒及通信转换模块总成，如图 3-2-24 和图 3-2-25 所示。

拆下通信转换模块，更换新的正极接触器，型号为 EVR300CPES-1，其位置如图 3-2-26 所示。

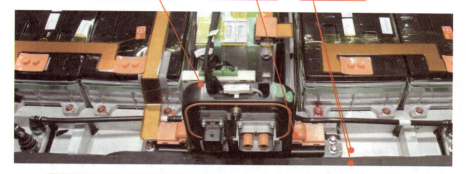

图 3-2-24　动力电池接触器盒及通信转换模块总成的安装位置

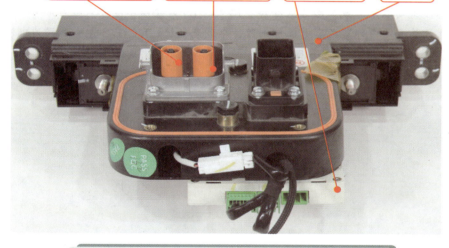

图 3-2-25　拆下的动力电池接触器盒及通信转换模块总成

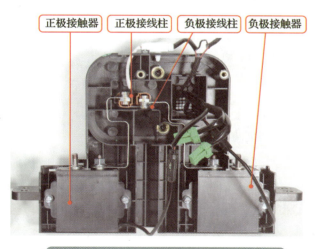

图 3-2-26　动力电池正负极接触器的位置

安装动力电池接触器盒及通信转换模块总成，安装电池包上盖，安装动力电池后上电试车，故障排除。

任务小结

1. 整车控制系统直接控制的输出信号有高压系统的各个接触器控制、真空泵控制、冷却风扇控制、冷却水泵控制、仪表指示灯等。

2. 比亚迪 E5 高压系统的接触器有位于动力电池内部的动力电池正负极接触器、高压电控总成内部的主接触器及直流快充正负极接触器。这些接触器全部由 BMS 控制。

3. 电动汽车采用电机驱动，取消了传统的发动机，因此失去了真空来源，即无法为汽车制动总泵提供真空助力。通常解决方法是采用电动真空泵产生真空。

4. 纯电动汽车中需要进行冷却的部件（总成）主要有驱动电机、电机控制器、车载充电机、DC/DC、动力电池及电动压缩机。其中，电动压缩机通常用制冷剂进行冷却，其他零部件或总成需要以水冷或风冷方式冷却。比亚迪 E5 需要以水冷方式冷却的部件有驱动电机、高压电控总成（内部集成有电机控制器、车载充电机、DC/DC 等）和动力电池。

通信系统故障诊断与检修

任务导入

假设你在新能源汽车某4S店做汽车维修工,一辆比亚迪E5在进行换挡操作时仪表不显示挡位信并提示"请检查挡位系统",经检查是挡位传感器CAN总线断路,更换线束后故障排除。你如何判断总线是否发生故障呢?总线出现故障后应如何进行排查呢?

学习目标

1. 能够迅速找到网关控制器的安装位置。
2. 能够正确测量各CAN总线网络的终端电阻。
3. 能够正确测量CAN总线CAN_H和CAN_L的电压值。
4. 能够对CAN总线发生故障时解码器显示做出正确判断。
5. 能够正确检测CAN总线断路、短路故障。

理论知识

随着电子技术的迅猛发展和在汽车上的广泛应用,汽车电子化程度越来越高,使汽车电子系统形成了一个复杂的大系统。纯电动汽车也是如此,动力电池管理、驱动电机控制、充电控制、制动控制、制动能量回馈控制、转向控制、空调控制等,形成了一个相当庞大的控制系统。

这些系统除了各自的电源、传感器和执行器外,还需要互相通信,且信息传输量很庞大。如果采用传统的线控方式,那么连接线束将急剧增加,甚至难以承受。为此,纯电动汽车各系统之间多采用总线技术进行通信,目前,常采用的总线是CAN(Controller Area Network,控制器局域网)总线。

一、CAN 总线技术

CAN 是一种能够实现分布式实时控制的串行通信网络。应用于汽车上的 CAN 总线技术的作用是将整车中不同的控制器连接起来,实现信息的可靠共享,并减少整车线束数量。

1. CAN 的分层结构

ISO 规定的 OSI(Open Systems Interconnection,开放式系统间互连)基本参考模型是由国际标准化组织提出,一个试图使各种计算机在世界范围内互连为网络的标准框架。ISO/OSI 参考模型定义如表 3-3-1 所示。

表 3-3-1 ISO/OSI 参考模型定义

ISO/OSI 参考模型		各层定义的主要项目
软件控制	7 层:应用层	由实际应用程序提供可利用的服务
	6 层:表示层	进行数据表现形式的转换,如文字设定、数据压缩、加密等的控制
	5 层:会话层	为建立会话式通信,控制数据正确的接收与发送
	4 层:传输层	控制数据传输的顺序、传送错误的恢复等,保证通信的品质
	3 层:网络层	进行数据传送的路由选择或中继,如单元间的数据交换、地址管理
硬件控制	2 层:数据链路层	将物理层收到的信号(位序列)组成有意义的数据,提供传输错误控制等数据传输控制流程,如访问的方法、数据的形式、通信方式、连接控制方式、同步方式、检错方式、应答方式、通信方式、包(帧)的构成等
	1 层:物理层	规定通信时使用的电缆、连接器等的媒体、电气信号规格等,以实现设备间的信号传送,如信号电平、收发器、电缆、连接器等的形态

CAN 总线标准只规定了传输层、数据链路层和物理层,需要用户自定义应用层。不同的 CAN 标准仅物理层不同。CAN 协议关于传输层、数据链路层和物理层的定义如图 3-3-1 所示。

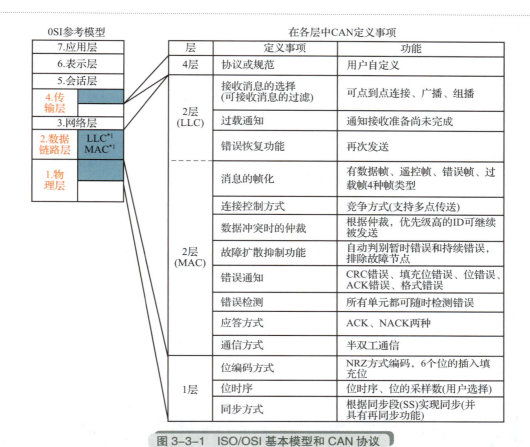

图 3-3-1　ISO/OSI 基本模型和 CAN 协议

LLC—逻辑链路控制（Logical Link Control）；MAC—媒介访问控制（Medium Access Control）

用户可以在传输层上定义协议或规范，如 CANopen、SAE J1939 等。

数据链路层分为逻辑链路控制子层（LLC）和媒介访问控制子层（MAC），MAC 是 CAN 协议的核心部分。LLC 设计报文滤波、过载通知及恢复管理。MAC 把接收到的报文提供给 LLC 子层，并接收来自 LLC 子层的报文。MAC 子层负责报文分帧、仲裁、应答、错误检测和标定。

物理层定义信号是如何实际传输的，因此涉及位时间、位编码、同步等。

2. CAN 的标准规格

CAN 经 ISO 标准化后有 ISO 11898 标准和 ISO 11519-2 标准两种。ISO 11898 是通信速度为 125~1000kbit/s 的 CAN 高速通信标准。ISO 11519-2 是通信速度为 125kbit/s 以下的 CAN 低速通信标准。

ISO 11898 标准和 ISO 11519-2 标准对数据链路层的定义相同，但物理层不同。CAN 收发器根据两根总线（CAN_H 和 CAN_L）的电位差来判断总线电平。总线电平分为显性电平和隐性电平两种，总线必须处于两种电平之一。显性电平用逻辑值"0"表示，隐性电平用逻辑值"1"表示。当总线上出现同时显性电平和隐性电平时，其结果是总线数值为显性（"0"和"1"叠加的结果为"0"），显性电平能覆盖隐性电平（即线"与"机制）。基于 ISO 11898 标准和 ISO 11519-2 标准的 CAN 物理层特征如图 3-3-2 所示。

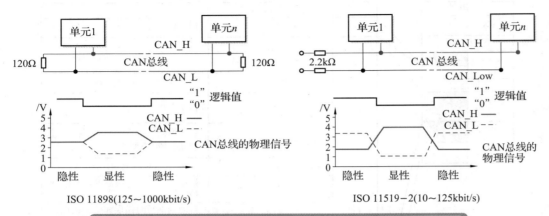

图 3-3-2　ISO 11898 标准和 ISO 11519-2 标准的 CAN 物理层特征

ISO 11898 标准和 ISO 11519-2 标准均采用双绞线结构，双绞线可以消除共模干扰。当受到共模干扰时，双绞线上的电平同时变化，但是电压的差值不变。ISO 11898 标准为闭环总线，阻抗为 120Ω，终端电阻为 120Ω；ISO 11519-2 标准为开环总线，阻抗为 120Ω，终端电阻为 2.2kΩ。

ISO 11898 标准和 ISO 11519-2 标准的主要不同点如表 3-3-2 所示。

表 3-3-2　ISO 11898 标准和 ISO 11519-2 标准的主要不同点

物理层		ISO 11898（高速）		ISO 11519-2（低速）	
通信速度		最高 1000kbit/s		最高 125kbit/s	
总线最大长度		40m/1000kbit/s		1km/40kbit/s	
连接单元数		最大 30 个		最大 20 个	
总线值（标准值）	总线电平	隐性	显性	隐性	显性
	CAN_H/V	2.50	3.50	1.75	4.00
	CAN_L/V	2.50	1.50	3.25	1.00
	电位差/V	0	2.0	-1.5	3.0

3. CAN 总线的连接

CAN 总线系统的节点一般由 CAN 控制器和 CAN 收发器组成。CAN 总线一般由双绞线组成，如图 3-3-3 所示。

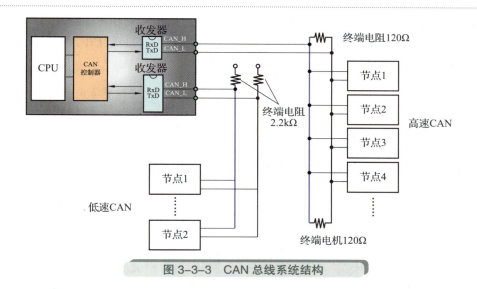

图 3-3-3　CAN 总线系统结构

CAN 收发器是用来接收和发送信息的部件，各 CAN 控制器之间通过 CAN 收发器接收和发送相关信息。同一个传输速率的 CAN 节点挂在同一个 CAN 总线上，不同传输速率的 CAN 网络通过网关进行通信。

4. 报文传输

总线上的信息以几个不同固定格式的报文（Message）进行传输。当总线空闲时，任何节点都可以发送新的报文。

报文传输由数据帧（Data Frame）、远程帧（Remote Frame）、错误帧（Error Frame）、过载帧（Overload Frame）和帧间空间（Interframe Space）5 个不同的帧类型表示和控制，其用途如表 3-3-3 所示。

表 3-3-3　各类帧的用途

帧	用途
数据帧	用于发送单元向接收单元传送数据的帧
远程帧	用于接收单元向发送单元请求数据的帧，接收单元发送数据的 ID
错误帧	用于当检测出错误时向其他单元通知错误的帧
过载帧	用于接收单元通知其尚未做好接收准备的帧
帧间空间	用于将数据帧及远程帧与前面的帧分离开来的帧

数据帧和远程帧有两种不同的帧格式，不同之处为识别符的长度不同：具有 11 位识别符的帧称为标准帧，具有 29 位标识符的帧称为远程帧。

（1）数据帧

数据帧用于将数据从发送器传输到接收器，其格式如图 3-3-4 所示。它由 7 个不同的位段组成（也有用"场""域"代替"段"的）：帧起始（Start Of Frame，SOF）、仲裁段（Arbitration Frame）、控制段（Control Frame）、数据段（Data Frame）、CRC 段（CRC Frame）、应答段（ACK Frame）和帧结束（End Of Frame，EOF）。

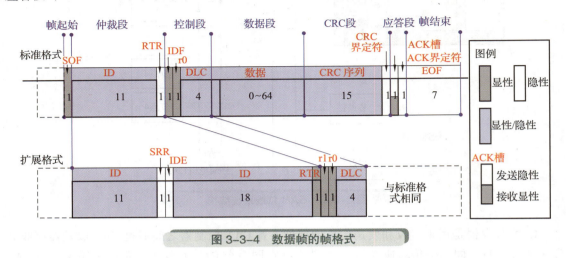

图 3-3-4 数据帧的帧格式

1）帧起始。帧起始标志数据帧的起始，由一个显性位组成。只有在总线空闲时才允许发送，所有的单元必须同步于首先开始发送报文单元的帧起始前沿。

2）仲裁段。标准格式和扩展格式的仲裁段有所不同。在标准格式中，仲裁段由 11 位标识符（Identifier，ID）和 1 位 RTR（Remote Transmission Request，远程发送请求）组成，共 12 位，如图 3-3-4 中标准格式所示。识别符按照 ID28 至 ID18 的顺序，需要注意的是，7 个最高位（ID28 至 ID22）不能全是隐性的。

在扩展格式中，仲裁段包括 11 位标识符、1 位 SRR（Substitute Remote Request，替代远程请求）、1 位 IDE（Identifier Extension，标识符扩展）、18 位标识符、1 位 RTR，共 32 位，如图 3-3-4 中扩展格式所示。前 11 位标识符按照 ID28 至 ID18 的顺序，后 18 位标识符按照 ID17 至 ID0 的顺序。

若标识符后面的 RTR 位是显性的，则说明这是数据帧；若标识符后面的 RTR 位是隐性的，则说明这是远程帧。

1 位 IDE 属于标准格式的控制段、扩展格式的仲裁段。在标准格式中，IDE 为显性；在扩展格式中，IDE 为隐性。若 IDE 位为隐性，则在用 1 个隐性位 SRR 代替原来的 RTR 位并将 RTR 位置于扩展标识符后面（目的是保证格式不变）。

3）控制段。控制段由 6 位组成，如图 3-3-4 所示。在标准格式中，控制段包括 1 位 IDE（显性位）、1 位保留位 r0 和 4 位 DLC（Data Length Code，数据长度代码）；在扩展格式中，控制段包括 2 位保留位 r1、r0 和 4 位 DLC。在两种格式中，保留位必须为显性。

数据长度代码表明数据段的字节数量，4 位数据长度代码允许使用 0000~1000（即 0~8）表示数据段长度为 0~8 字节。

由于扩展帧中 IDE 位被两段标识符包围而被划入仲裁段，为保证格式不变，用 1 位保留位 r1 代替原来的 IDE 位。

4）数据段。数据段由数据帧中的发送数据组成，可以是 0、1、2、……、8 字节，每字节包含8位，即数据段的长度是0、8、16、……、64位。发送数据段时，首先发送最高有效位 MSB（Most Significant Bit）。

5）CRC段。CRC段包括15位CRC序列（CRC Sequence）和1位CRC界定符（隐性位）。CAN总线使用CRC校验进行数据检错，CRC校验值存放于CRC序列。

6）应答段。应答段长度为2位，包含1位应答槽（ACK Slot）和1位界定符（隐性位）。在ACK段中，发送站发送2个隐性位。当接收器正确接收到有效报文时，接收器就会在应答槽期间向总线上发送一个显性位"0"以示应答，这个显性位覆盖发送站发送的隐性位"1"，即总线上为显性"0"。

7）帧结束。帧结束是连续的7个隐性位。每个数据帧（标准格式和扩展格式）的结束均由这一标志序列界定。

（2）远程帧

作为接收器的某站点通过发送远程帧，可以启动其他节点传送相应ID的数据。远程帧也有标准格式和扩展格式，它们都由帧起始、仲裁段、控制段、CRC段、应答段和帧结束组成，如图3-3-5所示。

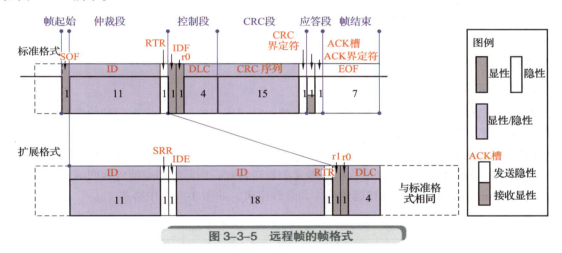

图3-3-5 远程帧的帧格式

与数据帧相比，远程帧没有数据段，只有相关数据的ID，数据长度代码是不受约束的（可以是0~8的任意一个）；远程帧的RTR位是隐性。

（3）错误帧

错误帧由两个段/场组成，如图3-3-6所示。第一个是不同的节点提供的错误标志（Error Flag）的叠加（Superposition），第二个是错误界定符。

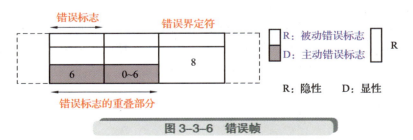

图3-3-6 错误帧

错误标志（Error Flag）有两种：一种是主动的（Active）错误标志，由6个连续的显性位组成；另一种是被动的（Passivity）错误标志，由6个连续的隐性位组成。这个序列的总长度最小为6位，最大为12位。

错误界定符包括8个连续的隐性位。

（4）过载帧

过载帧由两个段/场组成：过载标志（Overload Flag）的叠加和过载界定符，如图3-3-7所示。

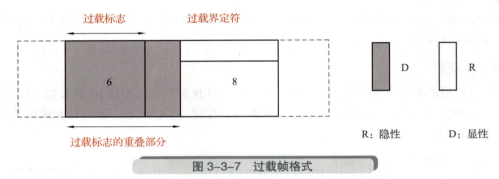

图3-3-7 过载帧格式

过载标志由6个显性位组成，过载界定符由8个连续的隐性位组成。

（5）帧间空间

数据帧或远程帧与它前面帧的分隔是通过帧间空间实现的，无论它前面帧的类型如何（数据帧、远程帧、错误帧、过载帧）。

帧间空间包括间隔（Intermission）、总线空闲（Bus Idle）的位场/位段，如图3-3-8中格式1所示。如果其被动错误地站作为前一报文的发送器时，则其帧间空间包含间隔、延迟传送（Suspend Transmission，也称为挂起传送）和总线空闲，如图3-3-8中格式2。

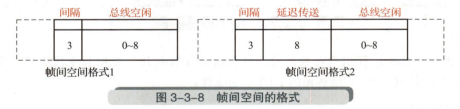

图3-3-8 帧间空间的格式

间隔包括3个隐性位；在间隙期间，所有站均不允许发送数据帧或远程帧。总线空闲的时间是任意的，只要总线被认为空闲，任何节点都可以访问总线。被动错误的节点发送报文后，就在下一报文开始传送之前发送8个隐性位跟随在间隔后面。

这样，节点检测到总线上连续出现11个连续的隐性位后即可访问总线：发送数据帧或远程帧是1位ACK界定符+7位EOF+3位间隔；发送主动错误帧或过载帧是8位错误/过载界定符+3位间隔；发送被动错误帧是3位间隔+8位延迟传送。

5. 错误界定

单元始终处于3种状态之一：主动错误（Fault Active）、被动错误（Error Positive）和总线关闭（Bus Off）。

（1）主动错误状态

主动错误状态是可以正常参加总线通信的状态。处于主动错误状态的单元检测出错误时，输出主动错误标志。

（2）被动错误状态

被动错误状态是易引起错误的状态。处于被动错误状态的单元虽能参加总线通信，但为不妨碍其他单元通信，检测出错误时，输出被动错误标志。

处于被动错误状态的单元即使检测出错误，而其他处于主动错误状态的单元如果没发现错误，整个总线也被认为是没有错误的。另外，处于被动错误状态的单元在发送结束后不能马上再次开始发送。在开始下次发送前，在间隔帧期间内必须插入"延迟传送"（8个隐性位）。

（3）总线关闭状态

总线关闭状态是不能参加总线上通信的状态，信息的接收和发送均被禁止。

节点状态及其转化关系如图3-3-9所示。当发送错误计数器（TEC）、接收错误计数器（REC）均不大于127时，单元处于主动错误状态；当发送错误计数器（TEC）、接收错误计数器（REC）其中一个处于127~255之间时，单元处于被动错误状态；当发送错误计数器（TEC）大于255时，单元处于总线关闭状态；当单元在总线监视到128次连续的11个隐性位之后，处于总线关闭状态的单元可以变为主动错误状态，且错误计数器重置为0。

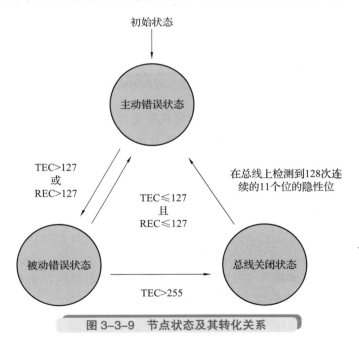

图3-3-9 节点状态及其转化关系

二、纯电动汽车整车网络拓扑结构

1. 典型的纯电动汽车整车网络

纯电动汽车整车网络通常可以分为两大块：第一大块是面向动力电池、电机控制器、车载充电机、DC/DC 等高压部件，可以称为动力 CAN；另一大块是面向仪表、显示屏、车载终端、空调控制面板等低压控制系统，可以称为舒适 CAN。除此之外，还有一些附加网络，如面向快充的快充 CAN、面向动力电池内部的电池内部 CAN、面向制动 / 转向的 ESC 网络等。纯电动汽车整车网络拓扑结构如图 3-3-10 所示。

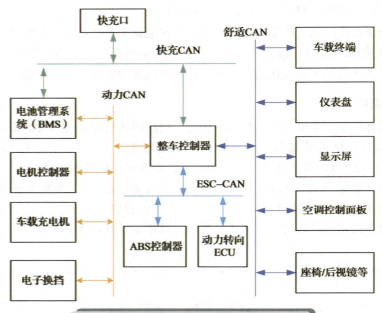

图 3-3-10 纯电动汽车整车网络拓扑结构

动力 CAN 主要传递动力电池信息、驱动电机信息、驾驶员意图等信息，各 ECU 根据这些信息进行模式控制（充电模式 / 驱动模式）、能量管理、驱动控制、制动能量回收和慢充控制等。

舒适 CAN 面向信息显示系统和空调控制等舒适性系统，还有很大一部分车辆有车载终端用于对车辆信息进行远程采集或远程操作。

2. 比亚迪 E5 的整车网络

比亚迪 E5 的整车网络如图 3-3-11 所示，分为起动网、舒适网、动力网和 ESC 网。虽然各子网速度有所不同，但是它们均采用 ISO 11898 协议。

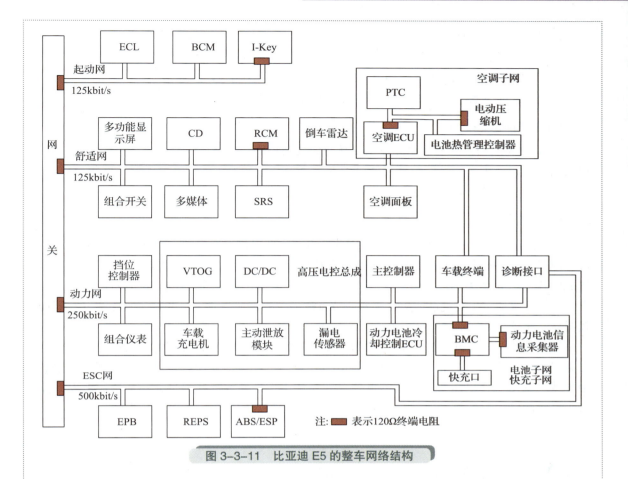

图 3-3-11 比亚迪 E5 的整车网络结构

起动 CAN，传输速率为 125kbit/s，其终端电阻分别在网关和无钥匙起动模块（I-Key）中。舒适 CAN，传输速率为 125kbit/s，其终端电阻分别在网关和 RCM 中。动力 CAN，传输速率为 250kbit/s，其终端电阻分别在网关和 BMS 中。ESC CAN，传输速率为 500kbit/s，其终端电阻分别在网关和 ABS/ESP 模块中。

除此之外还有：①空调子网，终端电阻分别在空调 ECU 和电动压缩机控制器中；②动力电池内部子网，终端电阻分别在 BMS 和动力电池信息采集器中；③快充子网，终端电阻分别在 BMS 和快充桩中（图 3-3-11 中未画出），快充桩通过充电枪、快充口与 BMS 通信。

三、车载 CAN 通信系统故障检修

1. 车载 CAN 通信系统故障现象及原因

车载网络系统发生故障时，一般会有一些明显的故障特征。当出现总线系统故障时，其故障现象很特殊，有时整个系统会"瘫痪"，车辆上装备的某套数据总线系统内的电控单元不能通过总线互相通信，造成车辆功能异常，甚至诊断仪也不能对该系统进行通信诊断；有时是单个（或若干）控制单元失去通信。总体来说，故障现象主要有 3 种：

1）整个网络失效或多个控制单元不工作。
2）在不同系统同时表现出多个故障现象，且故障现象之间没有必然联系。
3）个别电控单元或多个电控单元在接上诊断仪后无法与诊断仪通信。

引起车载网络系统故障的类型一般有两种，即节点故障、链路故障。

（1）链路故障

车载 CAN 通信系统的链路故障主要是通信线路短路、断路，以及由线路物理性质引起的通信信号衰减或失真。链路故障可能会引起多个控制单元无法工作。表现形式可能为整个网络失效、用解码器找不到相应的控制单元，也可能为若干控制单元无法通信。

（2）节点故障

节点是车载网络系统的电控单元，因此节点故障即电控单元故障。节点故障包括电控单元硬件故障和软件故障。硬件故障，是指由电控单元供电电路故障、集成电路故障、芯片故障造成的控制单元无法正常工作。软件故障，是指传输协议或软件程序有缺陷或冲突，从而使车载网络系统通信出现混乱或无法工作。节点故障主要表现为"××单元通信丢失"，现象比较明显，比较容易识别和排除。

除此之外，还有可能是汽车电源故障引起的故障。车载网络系统的核心部分是含有通信 IC 芯片的电控单元，其正常工作电压为 10.5~15V。汽车电源系统提供的工作电压低于该值，会导致一些对工作电压要求较高的电控单元无法工作，导致某些信息无法通信而引发故障。汽车电源故障引起的故障通常会导致系统大面积瘫痪，还包含其他的故障现象，比较容易识别和排除。

2. CAN 通信链路故障的一般检测方法

（1）测电阻

为了避免信号反射，在 CAN 总线的两端分别连接一个 120Ω 的终端电阻。这两个终端电阻并联，并构成一个 60Ω 的等效电阻。断电后，可以在数据线之间测量这个等效电阻。通常方法是把一个便于拆装的控制单元从总线上脱开，然后在插头上测量 CAN_L 导线和 CAN_H 导线之间的电阻，如图 3-3-12 所示。

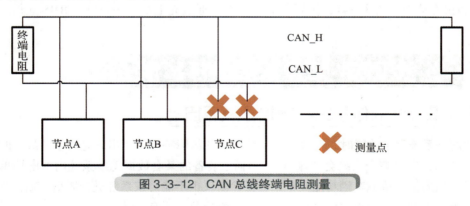

图 3-3-12　CAN 总线终端电阻测量

（2）测波形（电压）

用示波器测量 CAN_H 或 CAN_L 与接地之间的电压，则获得一个类矩形波信号。正常情况下，CAN_H 和 CAN_L 上的波形电位相反（一个为高电平、另一个为低电平），而且两条线上的电位和等于常数。常见的高速 CAN 总线波形如图 3-3-13 所示。

图 3-3-13　常见的高速 CAN 总线波形

拓展阅读

四、LIN 总线技术

1. 汽车总线技术

国际上众多知名汽车公司早在 20 世纪 80 年代就积极致力于汽车网络技术的研究及应用，迄今为止，已有多种网络标准。目前大多数车用总线都被 SAE（Society of Automotive Engineers，美国汽车工程师协会）下属的汽车网络委员会按照协议特征划分为 A、B、C、D 4 类。A 类总线是面向传感器和执行器的低速网络，数据传输速率通常小于 10kbit/s，主要应用于电动车窗、座椅调节器、灯光照明等控制。B 类总线是面向独立控制模块间的信息共享的中速网络，数据传输速率通常为 10~125kbit/s，主要用在车身电子舒适模块和显示仪表等设备中。C 类总线是面向高速、实时闭环控制的多路传输网，数据传输速率通常为 125~1000kbit/s，主要用于车上实时控制系统之间数据的传输，如发动机控制、牵引控制和 ABS 等系统。D 类总线是面向多媒体设备、高速数据流传输的高性能网络，传输速率一般在 2Mbit/s 以上，主要面向影音娱乐信息、多媒体系统。典型的汽车总线标准、协议特性和参数如表 3-3-4 所示。

表 3-3-4　典型的汽车总线标准、协议特性和参数

特性	A 类	B 类	C 类			D 类	
名称	LIN	ISO 11519-2 ISO 11898-1	ISO 11898-1	J1939	D2B	MOST	IEEE 1394
所属机构	摩托罗拉	ISO	ISO	SAE	菲利普	菲利普	IEEE
传输媒介	单线	双绞线	双绞线	双绞线	双绞线	光纤	光纤	屏蔽双绞线
位编码	NRZ	NRZ-5	NRZ-5	NRZ-5	PWM	双相	双相	NRZ
媒体访问	主从	竞争	竞争	竞争	主从	主从	主从	竞争

续表

特性	A类	B类	C类		D类			
检错方式	校验和	CRC	CRC	CRC	奇偶校验	CRC	CRC	CRC
头长度	每字节2位	11或29	11或29	29	—	—	—	—
数据长度/B	8	0~8	0~8	8	—	—	—	—
传输速率/kbit/s	2	10~125	125~1000	250	29.8	12 000	25 000	98000~393 000
总线最长/m	40	40（典型）	40（典型）	40	150	不限	不限	72
节点最多/个	16	32	32	30（带屏蔽）10（无屏蔽）	50	24	24	16

注：NRZ—不归零制（Non-Return to Zero）；CRC—循环冗余校验码，PWM—脉宽调制（Pulse Width Modulation）。

（1）A类总线

A类总线以LIN（本地互联网，Local Interconnect Network）规范最具代表性，是由摩托罗拉公司与奥迪公司等知名企业联手推出的低成本开放式串行通信协议，主要用于车内分布式电控系统，尤其是面向智能传感器和执行器的数字化通信场合。由于业界尚未出现广泛欢迎的低端多路通信协议，LIN正在成为这一领域的行业标准。

（2）B类总线

B类总线是面向独立模块间数据共享的中速总线，以CAN最为著名。CAN是20世纪80年代中期由博世（Bosch）公司开发的车用现场总线，主要应用于车辆信息的传送，如汽车速度监测、故障诊断、仪表显示等系统。在欧洲，从1992年起各大汽车公司就一直用传输速率为47.6~125kbit/s的ISO 11898-1标准；近年来，基于ISO 11519-2的容错CAN总线标准在欧洲的各种车型中开始得到广泛的使用。与此同时，以往广泛适应于美国车型的J1850协议已经完成向ISO 11898-1的转变。

（3）C类总线

C类总线是面向高速、实时闭环控制的多路传输网，主要用于车上实时控制系统之间数据的传输，如发动机控制、牵引控制和ABS等系统。在欧洲，汽车厂商大多使用"高速CAN"作为C类总线，即ISO 11898-1中传输速率高于125kbit/s的那部分标准。美国则在载货汽车车及其拖车、客车、建筑机械和农业动力设备中广泛使用专门的通信协议J1939，这是一种基于高速CAN的车用高层协议，传输速率为250kbit/s；在乘用车领域，通用汽车采用基于CAN的总线标准GMLAN、福特和克莱斯勒等公司采用基于CAN的总线标准J2284，它们的传输速率都是500kbit/s。

（4）D类总线

D类总线是智能数据总线（Intelligent Data BUS，IDB）网络，主要面向影音娱乐信息、多媒体系统，包括传统设备（车载收音机、车载电话等），也包括基于数字化音像与宽带网络的车载计算机、全球定位系统（GPS）和语音识别及指令系统。因此，D类总线的带宽范围相当大，其传输速率为250kbit/s~100Mbit/s之间。针对这种情况，D类总线又划分为IDB-C（Intelligent Transportation System Data Bus-CAN）低速网络、IDB-M（IDB-Multimedia）高速网络、IDB-Wireless 无线通信网络。

低速多媒体总线多采用IDB-C标准，它具有CAN总线的数据格式，传输速率为250kbit/s；高速多媒体总线的主流标准有D2B、MOST、USB和IEEE 1394等，无线多媒体总线普遍采用蓝牙（Bluetooth）技术。

（5）专用总线

除上述4类以外还有一些车用总线没有划分，通常称为专用总线，包括故障诊断总线、安全总线和X-by-Wire。

目前，欧洲汽车厂商使用基于CAN总线的诊断系统通信标准ISO/DIS 15765，以满足E-OBD的通信要求；美国采用基于CAN的J2480诊断系统通信标准，以满足OBD-Ⅲ的通信要求。

安全总线中比较突出的有德尔福公司（Delphi）的SafetyBus和宝马公司的Byteflight。

常见的线控系统（X-by-Wire）有Throttle-by-Wire（线控节气门）、Steer-by-Wire（线控转向）和Brake-by-Wire（线控制动），要求既要高速又要容错，还能以时间触发方式运行。目前，应用较为普遍的有TTP（Time-Triggered Protocol，时间触发协议）、TTCAN（Time-Triggered CAN，时间触发CAN）、Byteflight、FlexRay等几种。其中，FlexRay是由宝马、戴姆勒-克莱斯勒等汽车厂商和摩托罗拉、菲利普等半导体供应商联合开发的，已经吸引了多家汽车厂商加入其中，最有发展前景。

2. LIN总线技术

LIN（Local Interconnect Network）是一种用于汽车中分布式电子控制系统的新型低成本串行通信网络。LIN总线采用单主机/多从机的总线拓扑结构（没有总线仲裁），仅使用一根12V信号总线。主节点包含主任务模块和从任务模块，从节点只包含从任务模块。它不需要专门的片上通信模块，采用标准串行通信接口UART，速率可达20kbit/s，总线长度不大于40m。LIN总线作为一种辅助的总线网络，在不需要CAN总线的优越性能的场合，相比于CAN总线具有更高的性价比。

LIN规范包括3个主要部分：LIN协议规范部分（说明LIN的物理层和数据链路层）、LIN配置语言部分（说明LIN配置文件的格式）和LIN API（网络与应用程序间的接口）部分。LIN协议的通信机制和帧结构如图3-3-14所示。LIN网络中的每个节点都有一个从任务模块，主节点还包含一个主任务模块。帧头由主任务模块发出，包括同步间隙、同步场和信息标识符。所有节点中的从任务模块（包括主节点）对信息标识符进行滤波，并发回数据场和校验场。

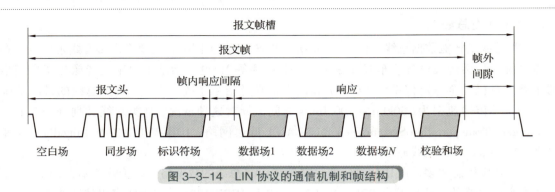

图 3-3-14　LIN 协议的通信机制和帧结构

3. LIN 总线技术在汽车中的应用

在汽车电子控制系统中广泛采用的基于 LIN 总线的解决方案主要如下。

1）前照灯控制系统：控制对象为前照灯，通过操作前照灯开关控制远近光灯的切换，进行雾灯控制，调节照明系统背光等。前照灯开关设计为 LIN 网络的一个从节点，车身控制器为主节点。

2）车门控制系统：系统的控制对象包括车窗升降电机、后视镜控制部件（其中后视镜控制部件包括上下移动电机、进出移动电机、折叠电机）、转向灯控制、除雾除霜加热器控制等。

3）座椅控制系统：系统的控制对象为座椅，可以调节靠背和坐垫的角度、记忆座椅位置、调节座椅纵向位置、进行座椅加热等。

4）转向盘控制系统：系统的控制对象主要为车载娱乐系统（收音机、导航、DVD 等），还可以通过与变速箱控制器的通信进行挡位变换。

5）车顶控制系统：系统的控制对象包括湿度传感器、光敏传感器、信号灯控制、天窗移动电机等。

LIN 总线最初的设计目的是用于汽车电子控制系统，但 LIN 总线协议的高可靠性使得 LIN 总线还可以广泛地应用于工业自动化产品及消费类电子产品中。

实践操作

五、测量 CAN 终端电阻及电压

比亚迪 E5 网关控制器位于副驾驶室，比较容易测量而且能测量所有的主要网络。因此，一般在进行此类测量或检查时，首先应从网关控制器入手。网关控制器的端子标号如图 3-3-15 所示，网关控制器电路如图 3-3-16 所示。网关控制器 1、2 端子分别为起动网的 CAN_H、CAN_L 线，7、8 端子分别为舒适网的 CAN_H、CAN_L 线，9、10 端子分别为动力网的 CAN_H、CAN_L 线，14、13 端子分别为 ESC 网的 CAN_H、CAN_L 线，11 端子为 CAN 屏蔽线。

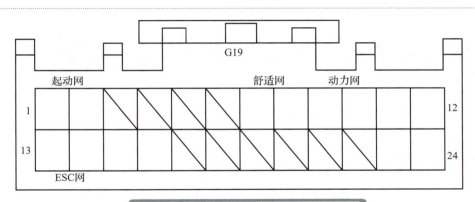

图 3-3-15 网关控制器的端子标号

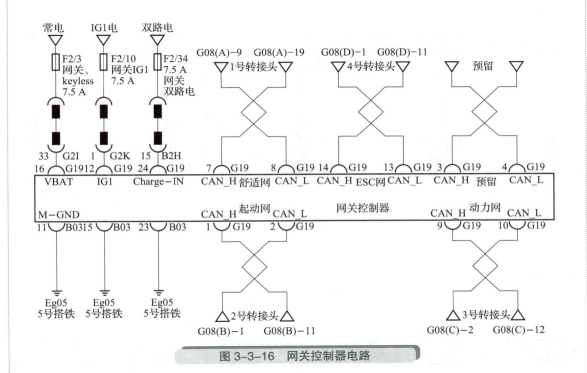

图 3-3-16 网关控制器电路

1. CAN 网络终端电阻的测量

拔下网关控制器插头,测量插头端/网关控制器端 CAN 总线电阻时,测得的为单个终端电阻的阻值;不拔网关控制器插头,通过扎针测量 CAN 总线电阻时,测得的为等效电阻。比亚迪 E5 各网络终端电阻的测量方法及标准值如表 3-3-5 所示。

表 3-3-5 比亚迪 E5 各网络终端电阻的测量方法及标准值

测量条件	拔下插头		不拔插头
测量点	插头端 1、2 端子	网关控制器端 1、2 端子	1、2 端子
标准值	120Ω	120Ω	60Ω

续表

测量条件	拔下插头		不拔插头
测量点	插头端7、8端子	网关控制器端7、8端子	7、8端子
标准值	120Ω	120Ω	60Ω
测量点	插头端9、10端子	网关控制器端9、10端子	9、10端子
标准值	120Ω	120Ω	60Ω

拔下网关控制器插头，用万用表测量插头侧起动网、舒适网、动力网、ESC 网 CAN_H、CAN_L 间的电阻值分别是：起动网 123Ω、舒适网 131Ω、动力网 113Ω、ESC 网 114Ω，如图 3-3-17 所示。

1、2端子间电阻　　7、8端子间电阻　　9、10端子间电阻　　13、14端子间电阻
注：测量点为插头侧

图 3-3-17　用万用表测量 CAN 总线电阻

2. CAN 总线电压的测量

比亚迪 E5 CAN 总线电压规定值如表 3-3-6 所示。

表 3-3-6　比亚迪 E5 CAN 总线电压规定值

端子号（符号）	配线颜色	端子描述	条件	规定状态
G19-1- 车身搭铁	P	B-CAN_H	始终	2.5~3.5 V
G19-2- 车身搭铁	V	B-CAN_L	始终	1.5~2.5 V
G19-7- 车身搭铁	P	B-CAN_H	始终	2.5~3.5 V
G19-8- 车身搭铁	V	B-CAN_L	始终	1.5~2.5 V
G19-9- 车身搭铁	P	F-CAN_H	始终	2.5~3.5 V
G19-10- 车身搭铁	V	F-CAN_L	始终	1.5~2.5 V
G19-11- 车身搭铁	B	屏蔽线	始终	小于 1V

高速动力 CAN 正常时，用万用表测量 CAN_H、CAN_L 对地的电压值分别是 CAN_H

（2.6V）、CAN_L（2.3V），如图3-3-18所示。

图3-3-18 用万用表测量动力CAN总线电压值

六、案例分析

1. 故障现象

一辆比亚迪E5纯电动汽车上电后，仪表显示"请检查挡位系统"；进行换挡操作时，仪表不显示相应挡位（总是位于P位），如图3-3-19所示。

图3-3-19 比亚迪E5仪表显示"请检查挡位系统"

2. 故障原因分析

比亚迪E5的挡位信号电路如图3-3-20所示，挡位信号由挡位传感器通过CAN总线传到动力网供其他控制单元选用，而现在仪表未显示动力系统其他故障，故可以认为故障发生在变速杆与CAN总线G08转接头（转接头3）之间。因此，故障原因可能是挡位系统电源故障、挡位系统CAN线故障、换挡操纵机构本身故障。

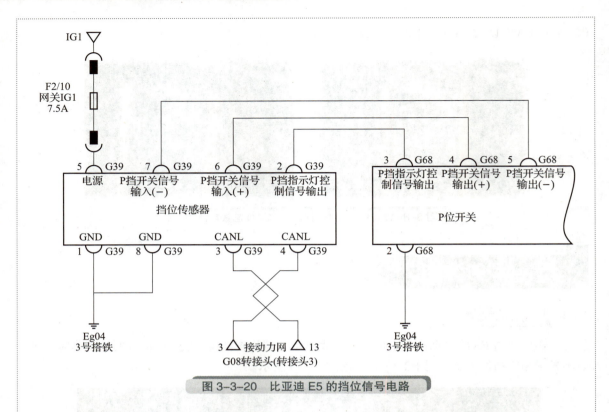

图 3-3-20 比亚迪 E5 的挡位信号电路

3. 故障诊断与排除

（1）用解码仪进行诊断

连接解码仪对整车模块扫描，发现无法扫描到换挡机构模块；进入动力系统后没有"挡位控制器"模块。正常情况下，用诊断仪进入动力系统后的诊断仪界面如图 3-3-21 所示。

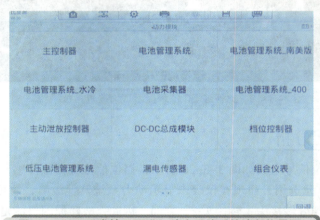

图 3-3-21 正常情况下进入动力系统后的诊断仪界面

（2）检查挡位传感器供电

整车下电后等待 5min，断开蓄电池负极，拔下挡位传感器插接件 G39（位于换挡手柄的下方,如图 3-3-22 所示);然后接上蓄电池负极,再上电。

测量 5 端子与 1 端子之间的电压,结果为 12V,正常;测量 1 端子、8 端子与车身地之间的电阻,均小于 1Ω,正常。

图 3-3-22　挡位传感器插件 G39

(3)检查换挡操纵机构 CAN 线

测量 3 端子与 1 端子之间的电压,为 2.6V;测量 4 端子与 1 端子之间的电压,为 0V。测量 G08 转接头(转接头 3)13 端子与挡位传感器 4 端子之间的电阻,为无穷大。由此判断,G08 转接头(转接头 3)与挡位传感器之间 CAN_L 线断路。

更换挡位传感器与 G08 转接头(转接头 3)之间 CAN 总线线束后,故障排除。

任务小结

1. CAN 是一种能够实现分布式实时控制的串行通信网络。应用于汽车上的 CAN 总线技术的作用是将整车中不同的控制器连接起来,实现信息的可靠共享,并减少整车线束数量。

2. CAN 总线的报文传输由数据帧(Data Frame)、远程帧(Remote Frame)、错误帧(Error Frame)、过载帧(Overload Frame)和帧间空间(Interframe Space)5 个不同的帧类型表示和控制。

3. 比亚迪 E5 的整车网络分为起动网、舒适网、动力网和 ESC 网。虽然各子网速度有所不同,但是它们均采用 ISO 11898 协议。

4. 车载网络系统发生故障时,一般会有一些明显的故障特征。当出现总线系统故障时,其故障现象很特殊,有时整个系统会"瘫痪",车辆上装备的某套数据总线系统内的电控单元不能通过总线互相通信,造成车辆功能异常,甚至诊断仪也不能对该系统进行通信诊断;有时是单个(或若干)控制单元失去通信。

参 考 文 献

[1] 申荣卫. 纯电动汽车整车控制系统检测与维修［M］. 北京：机械工业出版社，2018.
[2] 费亚龙. 车载动力电池组全生命周期在线管理与状态估计研究［D］. 武汉：武汉理工大学，2018.
[3] 华梦新. 纯电动车整车控制策略的研究［D］. 哈尔滨：哈尔滨工业大学，2010.
[4] 姜海斌. 纯电动车整车控制策略及控制器的研究［D］. 上海：上海交通大学，2010.
[5] 常志超. 纯电动车整车控制策略研究［D］. 西安：长安大学，2017.
[6] 刘莉. 纯电动汽车驱动控制策略开发与硬件在环测试［D］. 重庆：重庆理工大学，2019.
[7] 吕优. 纯电动汽车再生制动节能潜力研究［D］. 长春：吉林大学，2017.
[8] 何永辉. 纯电动汽车再生制动控制策略及模糊PID控制器设计［D］. 西安：长安大学，2017.
[9] 郭海军. 纯电动汽车再生制动控制策略研究［D］. 西安：长安大学，2017.
[10] 罗润纯. 电动汽车整车控制策略及控制器研究［D］. 太原：太原理工大学，2019.
[11] 邱会鹏. 纯电动汽车整车控制器的研究［D］. 哈尔滨：哈尔滨工业大学，2014.
[12] 黄志勇. 电动汽车高压配电控制策略的改进［J］. 客车技术与研究，2018（3）：20-23.
[13] 刘志强. 基于HMM和SVM级联算法的驾驶意图识别［J］. 汽车工程，2018（7）：861-862.
[14] 李晓东. 基于驾驶意图识别的纯电动汽车驱动控制策略研究［D］. 长春：长春工业大学，2018.
[15] 郭敏锐. 基于能量管理策略的纯电动汽车续驶里程研究［J］. 自动化与仪器仪表，2017（6）：19-21.
[16] 李土深. 基于隐马尔可夫模型的驾驶员行为分析研究［D］. 哈尔滨：哈尔滨工程大学，2017.
[17] 叶敏，郭金刚. 电动汽车再生制动及其控制技术［M］. 北京：人民交通出版社，2013.
[18] 任宝森. 纯电动汽车绝缘电阻在线检测装置研制［D］. 青岛：青岛大学，2018.
[19] 陈杰. 基于低频电压注入的自适应绝缘检测方法研究［J］. 佳木斯大学学报（自然科学版），2017（3）：379-380.

目 录

学习情境 1 整车控制系统概述 ·· 1
    任务工单 1.1 整车控制系统认知 ··· 1
    任务工单 1.2 高压电控总成内部认知 ·· 4

学习情境 2 整车控制系统功能测试 ·· 7
    任务工单 2.1 整车状态监测及能量管理 ·· 7
    任务工单 2.2 整车驱动控制功能测试 ·· 11
    任务工单 2.3 制动能量回收功能测试 ·· 14
    任务工单 2.4 保护功能测试 ·· 17

学习情境 3 整车控制系统故障诊断与修复 ·· 21
    任务工单 3.1 输入信号故障诊断与检修 ······································ 21
    任务工单 3.2 输出信号故障诊断与检修 ······································ 24
    任务工单 3.3 通信系统故障诊断与检修 ······································ 27

学习情境 1　整车控制系统概述

任务工单 1.1　整车控制系统认知

任务名称	整车控制系统认知	学　　时	4	班　级	
学生姓名		学生学号		任务成绩	
实训设备、工具及仪器	比亚迪 E5 纯电动汽车 4 辆，诊断仪 4 个、万用表 4 个、个人及车间防护用品 4 套	实训场地	理实一体化教室	日　　期	
任务描述	一辆比亚迪 E5 纯电动汽车的仪表显示多个系统故障，用诊断仪连接后任何系统都不能进入				
任务目的	能够正确、规范地完成主控制器、网关控制器的更换作业				

一、资讯

1. ＿＿＿＿＿简称 VMS（Vehicle Management System），是电动汽车的神经中枢，承担了各系统的数据交换、信息传递、＿＿＿＿＿、安全控制、故障诊断、＿＿＿＿＿、＿＿＿＿＿等作用，对电动汽车的动力性、经济性、安全性和舒适性等有很大影响。

2. 电动汽车整车控制系统的基本组成：＿＿＿＿＿（即 P-CAN），对应的控制单元通常有 BMS、＿＿＿＿＿、＿＿＿＿＿、DC/DC 等及对应的传感器 / 控制器；＿＿＿＿＿（即 V-CAN），对应的控制单元通常有组合仪表、＿＿＿＿＿、＿＿＿＿＿、制动 ECU 等及对应的传感器 / 控制器。动力网和舒适网连接到＿＿＿＿＿上，整车控制器作为最＿＿＿＿＿层控制器负责总体控制、协调各个控制单元工作及信息的统筹管理等工作。

3. 整车能量优化管理：整车控制器通过对＿＿＿＿＿系统、＿＿＿＿＿系统、空调系统、＿＿＿＿＿系统等的协调和管理，实现延长动力电池使用寿命、提高整车能量利用效率、提高＿＿＿＿＿的目的。

4. 驱动控制：整车控制器根据＿＿＿＿＿信息、驾驶员对车辆的操纵输入（加速踏板信号、＿＿＿＿＿信号和＿＿＿＿＿信号）、车辆运行状态、行驶路况及环境等信息进行分析和处理，向相关部件控制器发出指令，控制电机的运行状态（包括起步、加速、＿＿＿＿＿、减速、跛行等）。

5. 充电过程控制：整车控制系统接收充电信号后（如快充或慢充连接确认信号），配合＿＿＿＿＿系统共同进行充电过程中的＿＿＿＿＿控制，同时禁止＿＿＿＿＿功能，保证车辆在充电状态下处于＿＿＿＿＿状态，并根据电池状态信息限制充电功率，以保护电池。

6. 纯电动汽车能量管理控制策略通常采用基于规则的能量管理策略。通常根据＿＿＿＿＿进行能量流的分配，根据 SOC 取值不同，控制整车的能量分配，包括是否允许空调运行及是否＿＿＿＿＿等。通常为了保证电动汽车的＿＿＿＿＿，设置一个 SOC 门限值（称为 SOC_1），当 SOC 下降到 SOC_1 时，禁止空调系统运行（即禁止空调压缩机 /PTC 加热器工作）；为了保护＿＿＿＿＿，设置一个 SOC 门限值（称为 SOC_2），当 SOC 下降到 SOC_2 时，驱动电机限功率运行。

7. 比亚迪 E5 整车控制系统特点是没有整车控制器，其控制功能主要由＿＿＿＿＿、VTOG（双向交流逆变式电机控制器）、BMS（动力电池控制系统，由电池管理控制器和电池信息采集器等组成）、＿＿＿＿＿和＿＿＿＿＿等共同实现。这种架构形式没有明显的分层处理，大多数任务在各 ECU 所属的控制子网内完成，控制的实时性有所加强，对各子网之间的数据交换要求更高。

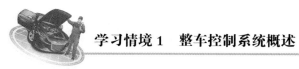

学习情境 1　整车控制系统概述

8. 比亚迪 E5 整车控制系统网络由 4 部分组成：_____、舒适网、_____和 ESC 网。这 4 部分的传输速率分别是_____、_____、_____、_____。

9. 比亚迪 E5 网关控制器完成整车 CAN 通信网络管理，主要有 3 个功能：_____、信号路由和网络管理。

10. 比亚迪 E5 电机控制器为双向交流逆变式电机控制器（称为 VTOG），位于_____，其功能主要包括_____、_____和其他放电功能。

11. 比亚迪 E5 主控制器位于_____。主控制器直接控制_____和冷却风扇。

二、计划与决策

请根据任务要求，确定所需要的检测仪器、工具，并对小组成员进行合理分工，制订详细的工作计划。

1. 需要的检测仪器、工具。

2. 小组成员分工。

3. 计划。

三、实施

1. 更换主控制器。

比亚迪 E5 的主控制器位于_____。

（1）断开低压电源。

确保电源开关位于_____位置，松开蓄电池负极螺母，取下蓄电池负极。

（2）拆下中控台内饰。

使用内饰拆装工具拆下中控台装饰条、换挡操纵机构装饰条、换挡操纵机构盖板。

（3）拆卸烟灰盒总成。

拆下烟灰盒总成固定螺钉，拔下点烟器线束插头并取下烟灰盒总成。

（4）拆卸主控制器。

拔下主控制器_____个线束插头。

拆下主控制器左右两侧线束支架_____。

拆下主控制器_____个固定螺母并取下主控制器。

2. 安装主控制器，并记录安装过程。

3. 上电检查。
检查上电是否正常：_____。
检查冷却水泵是否运转：_____。
踩动制动踏板，检查制动真空泵是否正常运转：_____。
2. 更换网关控制器。
比亚迪 E5 的网关控制器位于_____。
（1）断开低压电源。
确保电源开关位于_____位置，松开蓄电池负极螺母，取下蓄电池负极。
（2）拆下副驾驶储物箱。
1）打开储物箱。
2）将储物箱上安装气动拉簧的卡扣挤压变形后取出气动弹簧。
3）将储物箱两侧的限位柱通过挤压变形取出。
4）将储物箱总成转轴处与仪表板下本体配合紧固处脱开。
5）取出储物箱总成。
（3）拆下网关控制器。
1）拔下网关控制器线束插头。
2）拆下网关控制器支架固定螺栓。
3）取下网关控制器带支架总成。
2. 安装网关控制器，记录安装过程。

3. 上电检查。
检查上电是否正常。

四、检查
1. 检查车辆能否正常上电：_____。
2. 检查副驾驶储物箱是否安装到位：_____。
3. 检查系统是否存在故障码：_____。

五、评估
1. 请根据任务完成情况，进行自我评估，并提出改进意见。
（1）_____
_____
（2）_____
_____
（3）_____
_____
2. 填写工单成绩（总分为自我评价、组长评价和教师评价得分值的平均值）。

自我评价	组长评价	教师评价	总分

任务工单 1.2　高压电控总成内部认知

任务名称	高压电控总成内部认知	学　时	4	班　级	
学生姓名		学生学号		任务成绩	
实训设备、工具及仪器	比亚迪 E5 纯电动汽车 4 辆，高压电控总成 4 个，个人及车间防护用品 4 套	实训场地	理实一体化教室	日　期	
任务描述	在整车厂，装配比亚迪 E5 纯电动汽车的高压电控总成				
任务目的	能够正确认知高压电控总成内部结构及线路连接；能够正确、规范地完成高压电控总成装配作业				

一、资讯

1. 目前大部分电动汽车将除动力电池以外的主要高压部件部分或全部进行集成，如北汽 EX360 是将_____、_____、车载充电机、_____进行集成，称为 PEU；吉利 EV450 是将_____与 DC/DC 变换器集成在一起，将_____与车载充电机集成在一起；比亚迪 E5 是将_____、_____、车载充电机、DC/DC 变换器全部集成在一个总成内，叫作_____，其内部还有漏电检测模块。

2. 2018 款比亚迪 E5（不带三相交流充电）高压电控总成上层结构主要有_____、_____、主动泄放模块、_____、_____和直流烧结总成等，与 2017 款相比少了_____部分，增加了直流烧结检测模块。下层结构主要有_____、直流升压线圈、_____等。由于高压电控总成内部集成了大量的发热部件，如 VTOG 中的_____、_____及_____等，比亚迪 E5 采用了集中水冷的方式进行冷却。在上下层之间铸有_____。

3. 比亚迪 E5 车载充电机为_____，外界 220V 交流电源可以通过车载充电机总成整流、升压向_____充电。动力电池也可以通过车载充电机_____对外输出 220V 交流电。

4. 漏电传感器位于高压电控总成内部，安装在_____，含有 CAN 通信功能，主要监测与动力电池输出相连接的_____与车身底盘之间_____，判定高压系统是否存在漏电。漏电传感器将漏电信息（一般漏电故障、严重漏电故障）通过线束直接传递给_____，采取相应保护措施；将检测出的_____通过 CAN 总线发送到动力网，供 BMS、VTOG 等使用，此信息可以用解码仪读取。

5. 根据图 1，说明电动汽车的预充电过程。

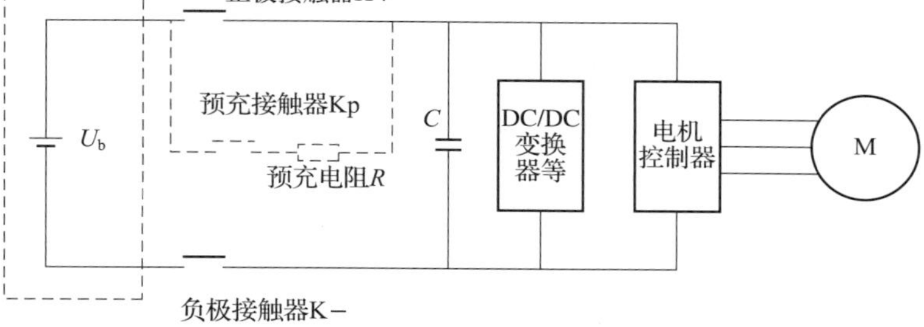

图 1

6. 绘制比亚迪 E5 的高压配电示意图。

二、计划与决策

请根据任务要求，确定所需要的检测仪器、工具，并对小组成员进行合理分工，制订详细的工作计划。

1. 需要的检测仪器、工具。

2. 小组成员分工。

3. 计划。

三、实施

1. 预充及驱动线路（图 2）认知。

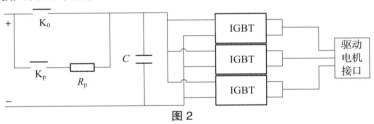

图 2

（1）写出预充时 K_0、K_p 接触器的工作情况。

（2）写出预充时的高压回路及其电流流动方向。

（3）写出预充完成后 K_0、K_p 接触器的工作情况。

（4）写出预充完成后（驱动电机工作时）的高压回路及其电流流动方向。

2. 充电线路认知。
(1) 认识直流快充线路，并画出示意图。

(2) 认识交流慢充线路，并画出示意图。

3. 高压附件线路认知。
认识高压附件（电动空调压缩机供电、空调 PTC 水加热供电、DC/DC 供电）线路，并画出示意图。

4. 泄放线路认知。
认识比亚迪 E5 的高压泄放电路（包括主动泄放电路和被动泄放电路），并画出示意图。

5. 绝缘检测线路认知。
认识比亚迪 E5 的绝缘检测线路，并画出示意图。

四、检查
1. 检查高压电控总成内部线路连接是否可靠：_____。
2. 检查各高压线路是否正确：_____。

五、评估
1. 请根据任务完成情况，进行自我评估，并提出改进意见。
(1) _____
_____。
(2) _____
_____。
(3) _____
_____。

2. 填写工单成绩（总分为自我评价、组长评价和教师评价得分值的平均值）。

自我评价	组长评价	教师评价	总分

学习情境 2　整车控制系统功能测试

任务工单 2.1　整车状态监测及能量管理

任务名称	整车状态监测及能量管理	学　　时	4	班　级	
学生姓名		学生学号		任务成绩	
实训设备、工具及仪器	比亚迪 E5 纯电动汽车 4 辆，诊断仪 4 个，万用表 4 个，个人及车间防护用品 4 套	实训场地	理实一体化教室	日　期	
任务描述	小王在新能源汽车某 4S 店做汽车维修工，有一辆比亚迪 E5 纯电动汽车需要进行主动测试					
任务目的	能够正确、规范地完成主控制器、网关控制器的更换作业					

一、资讯

1. 电动汽车显示仪表和中控系统均能够显示_____信息和相关的故障诊断信息。车辆状态信息主要包括_____状态，如_____、车辆续驶行驶里程等；车辆行驶状态，如_____、_____、车辆灯光系统工作情况等。车辆故障信息主要包括系统故障灯和部件故障灯等。除上述之外，显示仪表盘还具有驾驶员_____功能，不仅能以指示灯的形式进行提示，如_____、室外温度提示灯、安全带未系提示灯等，还能够在必要的时候进行声音报警和_____报警提示。

2. 目前很多新能源汽车都具有远程监控功能。远程监控系统一般由_____、远程管理服务平台和_____组成。_____通过 CAN 总线实时获取车辆数据和故障状态并结合 GPS 传感器获取定位信息，最后将这些数据同步存储到_____中，并将数据通过 GPRS 无线网络发送到_____。用户（车主）可以通过_____访问远程管理服务平台获取相应车辆的监控信息，甚至可以进行部分远程操作。

3. 电动汽车整车一般分为 3 个工作模式：_____、_____和紧急下电模式。整车控制器由低压唤醒后，周期执行整车模式的判断程序。其中，充电模式优先于_____。模式切换：驱动模式不能直接切换为充电模式，只有_____后通过_____，车辆才能进入充电模式。充电模式也不能通过按下起动开关（将开关置于 ON 位）切换到_____。

4. 图 1 为常见电动汽车高压系统结构简图，根据图 1 完成以下内容。

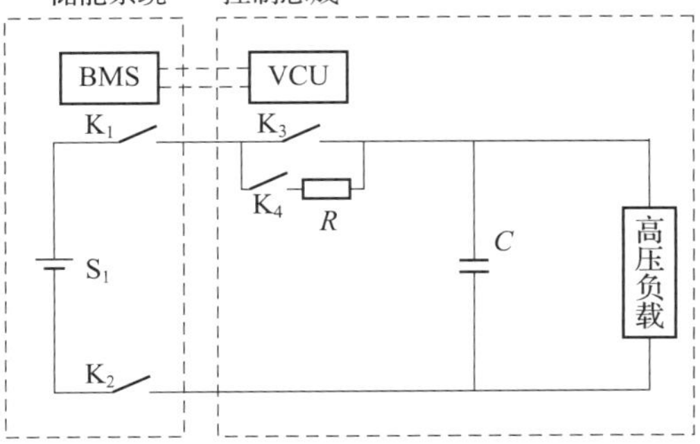

图 1

S 为动力电池，K_1 为_____，K_2 为_____，K_3 为主接触器，K_4 为_____，R 为_____，C 为控制总成支撑电容，高压负载主要包括 DC/DC 模块、_____、_____等。

常见的上下电控制为 BMS 控制_____和_____的通断，实现储能系统对外供电；VCU 控制_____和 K_4 的通断，实现控制总成的上电和下电。

5. 比亚迪 E5 的上下电控制特点：所有的接触器都有_____控制。

上电时，先要进行_____；预充时，接触器吸合顺序是_____、预充接触器、_____。当预充完成后，控制吸合_____，完成上电。

下电时，先控制延时断电，限制电机输出转矩，当延时状态结束以后再控制下电操作。此时 BMS 先断开_____，然后断开_____，最后断开_____。

6. 纯电动汽车内部能量管理包括_____、_____、再生制动能量回收等。能量管理控制策略通常包括基于续驶里程的能量管理控制策略和_____。纯电动汽车通常采用基于_____的能量管理控制策略，混合动力汽车通常采用基于_____的能量管理控制策略。

7. 纯电动汽车的能量管理功能需要具有一定的异常情况处理能力。常见的异常情况有_____、电池过温、_____、电池过充等。

8. 电动汽车的对外放电功能可以看成电动汽车与外部设备（其他车辆、电器、电网等）的_____交换与管理；电动汽车与外部设备的能量交换和管理是通过_____来实现的，主要包括_____（V to V）、_____（V to L）、车对家庭供电（V to H）及_____（V to G）。

二、计划与决策

请根据任务要求，确定所需要的检测仪器、工具，并对小组成员进行合理分工，制订详细的工作计划。

1. 需要的检测仪器、工具。

2. 小组成员分工。

3. 计划。

三、实施

1. 仪表盘指示功能认知。

（1）比亚迪 E5 纯电动汽车的仪表盘主要包括三部分：_____、_____和车速表。

（2）信息显示屏显示的信息包括_____、里程信息、_____、室外温度信息、时钟信息、背光调节挡位提示信息、调节菜单、行车信息、提示信息、_____。

（3）电量表指示当前车辆动力电池_____。如果动力电池电量低警告灯点亮，同时信息显示屏显示"请及时充电"，则表示当前动力电池电量_____，需要尽快_____。

（4）表 1 不完整，请完成。

任务工单 2.1 整车状态监测及能量管理

表1

指示灯	含　义	指示灯	含　义
	驻车制动故障警告灯		ESP OFF 警告灯（装有时）
	驾驶员座椅安全带指示灯		防盗指示灯
			主告警指示灯
	前雾灯指示灯	ECO	
	后雾灯指示灯		
	ABS 故障警告灯		胎压故障警告灯（装有时）
			电子驻车状态指示灯
	ESP 故障警告灯（装有时）	OK	
	车门状态指示灯		动力系统故障警告灯
	EPS 故障指示灯		
	小灯指示灯		巡航主指示灯（装有时）
	远光灯指示灯	SET	巡航控制指示灯（装有时）
	转向指示灯		

2. 读取数据流和主动测试。
（1）读取数据流。
以读取绝缘电阻及接触器状态为例读取数据流。
1）使用解码器进入比亚迪 E5 的诊断功能，然后进行以下操作：控制单元→动力模块→电池管理系统（水冷）→读取数据流→数据流。
2）完成表2。

表2

名　称	数　据
绝缘阻值	
放电是否允许	
充电是否允许	
充电感应信号 – 交流	
充电感应信号 – 直流	
预充状态	
主接触器状态	
负极接触器状态	
预充接触器状态	
正极接触器状态	

（2）主动测试。

下面以电子驻车制动功能的主动测试为例。

1）使用解码器进入比亚迪 E5 的诊断功能，然后进行以下操作：控制单元→底盘模块→电子驻车系统→动作测试→元件动作测试 1。

2）点击"释放"选项，记录现象。

3）点击"拉起"选项，记录现象。

3. 放电测试。

下面以车对负载供电（V to L）为例进行放电测试。

（1）保证起动开关处于关闭状态，按下放电按键，此时仪表盘显示放电菜单有 VTOL、VTOV 和 VTOG 3 个选项。

（2）选择 VTOL，按下转向盘上的确定键，此时仪表盘显示选择用电设备界面。

（3）选择单相设备，并按下转向盘上的确定键，仪表盘显示：

（4）打开充电舱门。

（5）将单相设备连接到交流慢充口。

（6）仪表盘显示"车辆对外放电连接中，请稍候"。放电连接成功后，仪表盘显示：

四、检查

1. 检查车辆能否正常上电：_____。
2. 检查副驾驶储物箱是否安装到位：_____。
3. 检查系统是否存在故障码：_____。

五、评估

1. 请根据任务完成情况，进行自我评估，并提出改进意见。

（1）_____

（2）_____

（3）_____

2. 填写工单成绩（总分为自我评价、组长评价和教师评价得分值的平均值）。

自我评价	组长评价	教师评价	总分

任务工单 2.2　整车驱动控制功能测试

任务名称	整车驱动控制功能测试	学　时	4	班　级	
学生姓名		学生学号		任务成绩	
实训设备、工具及仪器	比亚迪 E5 纯电动汽车 4 辆，诊断仪 4 个，个人及车间防护用品 4 套	实训场地	理实一体化教室	日　期	
任务描述	顾客打算购买一辆比亚迪电动汽车，咨询 EV450 与燃油车的区别				
任务目的	能够正确、规范地完成驱动功能测试、换挡测试及跛行模式测试，并合理记录数据				

一、资讯

1. 从车辆的角度来说，理想的动力输出特性曲线应是在全车速范围内可以保持_____功率输出，输出转矩随车速地上升呈双曲线趋势下降。在低速时，转矩被限制为一个恒值，因为此时最大驱动力由轮胎与地面接触面间的_____决定，因此为了防止车轮打滑，这个恒值不能超过_____。动力装置的恒转矩特性可以在低速时提供_____，满足车辆在加速、超车或_____等行驶路况的需求。

2. 在传统燃油车辆上安装多挡变速器的目的是让内燃机的转矩 – 转速曲线向理想曲线靠拢，扩大内燃机输出_____的转速范围。

3. 因为电机的转速 – 转矩特性逼近理想的运行特性，故采用_____传动装置即可满足车辆运行性能的需要。

4. 驾驶意图识别的方法主要有_____、_____、人工神经网络方法等。常见驾驶意图识别模型有_____和隐马尔可夫模型。

5. 支持向量机（Support Vector Machines）是一种二分类模型，它的目的是寻找一个超平面来对样本进行分割。分割的原则是_____，最终转化为一个凸二次规划问题来求解。由简至繁的支持向量机模型包括_____、线性支持向量机和_____。

6. 一般根据驾驶员的驾驶意图可将车辆驱动模式划分为_____、一般模式、经济模式。在不同的模式下，通过控制_____和电机转矩负荷系数之间的不同函数关系来对_____进行控制，这样就可以满足驾驶员的不同需求。硬踏板加速曲线对应_____控制策略，线性踏板加速曲线对应_____控制策略，软踏板加速曲线对应_____控制策略。在这 3 种类型下，加速踏板的同一开度对应不同的电机转矩负荷系数。

7. 纯电动汽车的驾驶模式大部分是经济模式和_____，如吉利 EV450；也有 L（长程模式）、_____和 S_____，如江淮 IEV6。混合动力汽车的驾驶模式有_____、N（普通模式）、_____，如荣威 IEV6。比亚迪 E5 的驾驶模式包括普通模式和_____模式，可以通过_____按钮来实现驾驶模式的切换。当进入_____模式时，仪表盘显示 ECO 字样。

8. 根据纯电动车的驻车、倒挡、空挡、前进挡（P、R、N、D）四个挡位，以及加速踏板和制动踏板信号，将电动汽车的运行模式分为 6 种，分别是车辆起动模式、_____模式、_____模式、能量回馈模式、_____模式和空挡模式。工作时，整车控制器收集开关信号、_____、制动踏板信号、_____和 SOC 等相关信息并进行处理，通过运算选取相应的控制策略，从而控制驱动电机以合适的转矩输出。

二、计划与决策

请根据任务要求，确定所需要的检测仪器、工具，并对小组成员进行合理分工，制订详细的工作计划。

1. 需要的检测仪器、工具。

2. 小组成员分工。

3. 计划。

三、实施

1. 驱动及换挡测试。

（1）测试内容及记录事项。

车辆的驱动测试主要进行车辆的起步、换挡、加减速、停车等功能测试。

测试时应记录：

1）不同运行状态下，整车仪表的相应显示是否正常。

2）车辆起步时，观察车辆起步响应是否迅速，车辆起动过程中是否出现抖动、异响等情况。

3）车辆行驶过程中，感觉踩下踏板所需力度是否正常，以及车辆加速响应是否迅速，车速提升是否明显。

4）车辆制动时，制动力是否足够，是否出现抖动、异响等。

（2）测试注意事项。

在进行换挡操作时，需要注意以下几点。

1）当选择空挡或倒挡时，需确保车辆处于_____状态。

2）车辆静止时，要求驾驶员先踩下_____才能换挡成功。若未踩下制动踏板，仪表将显示当前的物理挡位，并闪烁，以提示驾驶员换挡无效，此时驾驶员需要换至空挡，然后重新进行换挡操作。

3）当选择前进挡时，需要在换挡前先踩下_____，否则挡位选择将被视为无效，仪表将显示当前挡位并闪烁，此时整车不响应加速踏板的需求。

（3）进行起步、正常驱动、换挡等测试，并做记录。

2. 跛行模式测试。

比亚迪 E5 纯电动汽车的功率限制一般是设置动力电池电量 1%、5%、10% 和 20% 4 个档次。动力电池电量越低，功率输出限制越严格。

可以用诊断仪读取驱动数据流进行对比和主观感觉进行对比，并记录。

（1）电池电量低于 20%。

1）操作 ECO 按键，记录能否进入运动模式：_____。

2）进行加速测试，与电量高于 20% 时进行对比，并记录区别。

3）打开空调（制冷或取暖），记录能否开空调：_____。
（2）电池电量低于10%。
1）操作 ECO 按键，记录能否进入运动模式：_____。
2）观察仪表盘，记录是否进入跛行模式：_____。
3）进行加速测试，与电量高于20%时进行对比，并记录区别。

4）打开空调（制冷或取暖），记录能否开空调：_____。
（3）电池电量低于5%。
1）观察仪表盘，记录是否进入跛行模式：_____。
2）操作 ECO 按键，记录能否进入运动模式：_____。
3）进行加速测试，与电量高于20%时进行对比，并记录区别。

4）打开空调（制冷或取暖），记录能否开空调：_____。
（4）电池电量低于1%。
1）记录仪表显示：_____。

四、检查
1. 检查车辆能否正常上电：_____。
2. 检查车辆能否正常行驶：_____。
3. 检查系统是否存在故障码：_____。

五、评估
1. 请根据任务完成情况，进行自我评估，并提出改进意见。
（1）_____
_____。
（2）_____
_____。
（3）_____
_____。

2. 填写工单成绩（总分为自我评价、组长评价和教师评价得分值的平均值）。

自我评价	组长评价	教师评价	总分

学习情境 2 整车控制系统功能测试

任务工单 2.3 制动能量回收功能测试

任务名称	制动能量回收功能测试	学 时	4	班 级	
学生姓名		学生学号		任务成绩	
实训设备、工具及仪器	比亚迪 E5 纯电动汽车 4 辆，诊断仪 4 个，个人及车间防护用品 4 套	实训场地	理实一体化教室	日 期	
任务描述	客户来咨询电动汽车制动能量回收功能方面的问题和操作				
任务目的	能够正确、规范地完成减速制动时制动能量回收测试和下长坡时制动能量回收测试				

一、资讯

1. 电动汽车、混合动力汽车等可以回收车辆在制动或惯性滑行中释放的多余能量，并通过发电机将其转化为_____，再储存在蓄电池中，用于之后的行驶，这就是_____，也叫作再生制动。

2. 纯电动汽车处于紧急制动或大强度制动时，单纯靠电机的再生制动功能很难保证行车安全，车辆必须保留_____系统，所以纯电动汽车的制动系统是传统_____系统与_____的复合系统。目前，复合制动系统主要分为_____和_____两种类型。

3. 并联制动时，对_____无法主动控制，电制动与机械制动之间不能协调工作，电机制动力矩使用不充分，能量回收较_____。另外，由于在传统机械制动系统的基础上加入了再生制动系统，当制动踏板受到同样的踩踏力的时候，并联制动系统的实际制动强度要_____目标制动强度，这就使制动时的顿挫性_____，降低了汽车的_____；但是，其对原有的制动系统改动少，结构简单，成本低。

4. 串联制动系统只要选取合适的控制策略，就能实现对制动力的_____，在满足制动安全和稳定性的前提下，可以最大限度地_____，并且制动舒适性高；但是串联制动系统结构复杂，需要高集成度、处理能力强大的控制系统，成本_____。

5. 纯电动汽车常用的存储装置包括_____、_____、超高速飞轮等，每种储能装置充放电都会受到各种限制。对于以蓄电池为储能装置的纯电动汽车，充电功率和充电电流不能_____，防止损坏蓄电池；还要考虑蓄电池的状态，如果蓄电池_____超过一定值，则不能进行再生制动功能，防止蓄电池_____。

6. 制动能量回收的工作原理：汽车减速制动时将其动能经过传动装置传递给_____，然后电机在制动控制器的作用下以_____模式工作，将汽车的动能转变为_____，给储能装置充电，达到制动能量回收的目的。与此同时，电机制动力又可以起到制动的作用，对_____轮进行制动以达到减慢车速的效果。

7. 以图 1 为例说明制动能量回馈的 3 个阶段：续流阶段、电流反向阶段和能量回馈阶段。

8. 以图 2 为例说明并联策略的控制原理。

任务工单 2.3　制动能量回收功能测试

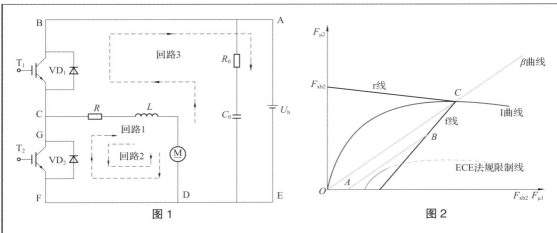

图 1　　　　　　　　　　　　图 2

二、计划与决策

请根据任务要求，确定所需要的检测仪器、工具，并对小组成员进行合理分工，制订详细的工作计划。

1. 需要的检测仪器、工具。

2. 小组成员分工。

3. 计划。

三、实施

能量回收功能一般在车辆减速/制动时起作用。能量回收情况无法直接观察，但可以通过车辆其他部件状态进行间接观察。

以比亚迪 E5 电动汽车为例，进行制动能量回收时可以观察仪表盘（功率表、能量流程图）或通过诊断仪查看动力电池、驱动电机数据流，在此过程中做相应记录。

1. 下长坡时的能量回收测试。

下长坡时的能量回收指回收汽车的重力势能。能量回收系统将汽车的重力势能转化为电能给动力电池充电。下长坡时的能量回收测试需要经验丰富的驾驶员在实车上进行操作，场地要求为空旷、行人少的下长坡路段。

测试步骤如下。

1）将车辆开到下长坡路段。

2）逐渐松开制动踏板，车辆在重力的作用下缓慢加速。

3）观察并记录数据。

（1）选择制动能量回收强度为"一般"。

1）观察并记录仪表显示。

2）观察并记录诊断仪数据流。

动力电池数据流：

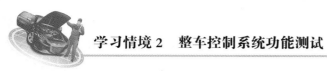

学习情境 2　整车控制系统功能测试

驱动电机数据流：

（2）选择制动能量回收强度为"较大"。
1）观察并记录仪表显示。

2）观察并记录诊断仪数据流。
动力电池数据流：

驱动电机数据流：

2. 减速制动时的能量回收测试。
　　制动时的能量回收指回收汽车的动能。能量回收系统将车辆的动能转化为电能给动力电池充电。制动时的能量回收测试需要经验丰富的驾驶员在实车上进行操作，场地要求为空旷、行人少的路段。
　　观察并记录仪表显示。

四、检查
1. 检查车辆能否正常上电：_____。
2. 检查系统是否存在故障码：_____。
3. 检查工单填写是否完整：_____。

五、评估
1. 请根据任务完成情况，进行自我评估，并提出改进意见。
（1）_____
_____。
（2）_____
_____。
（3）_____

2. 填写工单成绩（总分为自我评价、组长评价和教师评价得分值的平均值）。

自我评价	组长评价	教师评价	总分

任务工单 2.4　保护功能测试

任务名称	保护功能测试	学　时	4	班　级	
学生姓名		学生学号		任务成绩	
实训设备、工具及仪器	比亚迪 E5 纯电动汽车 4 辆，诊断仪 4 个，万用表 4 个，个人及车间防护用品 4 套	实训场地	理实一体化教室	日　期	
任务描述	小王是比亚迪新能源 4S 店一名车辆销售人员，顾客在看车时对纯电动汽车的高压是否安全存在疑虑，并询问日常保养时自己能不能打开发动机舱舱盖进行相关操作				
任务目的	认识比亚迪 E5 高压互锁系统并进行测试；能够安全、规范地进行防溜车测试；认识并测试低速提示音系统				

一、资讯

1.《电动汽车　安全要求》（GB/T 18384—2015），对车载驱动系统的最大工作电压是 B 级电压_____或_____的电动汽车车载可充电储能系统（Rechargeable Energy Storage System，REESS）的要求包括：对于没有嵌入在一个完整电路中的 REESS，如果在整个寿命期内没有交流电路或交流电路有附加防护，则其绝缘电阻除以它的最大工作电压应不小于_____Ω/V；如果包括交流电路且没有附加防护，则此值应不小于_____Ω/V。导电部件之间表面最小电气间隙应为_____mm；应设有一个_____装置，能在车辆制造厂商规定的条件下断开 REESS 电路，以防止对人员、车辆和环境造成危害等。

2.（1）驱动系统电源的接通与断开。

1）车辆从状态到_____至少要经过两次有意识的不同动作。

2）从_____到驱动系统电源切断状态只需要_____个动作。

3）应连续或间接地向驾驶员指示：车辆已经处于_____。

4）车辆停止时，驱动系统自动或手动关掉后只能通过上述操作进入_____。

3._____是指危险电压连锁回路——HVIL（Hazardous Voltage Interlock Loop），即将高压封闭在一个完整的回路中，通过_____来检查整个高压系统的_____、_____，识别回路异常断开，及时断开高压电。

4.绝缘电阻检测的目的是消除_____，保证_____的安全。

5.绝缘电阻监测方法主要包括_____法、_____法。

6.电动汽车储能系统虽为直流供电系统，但有很多_____，如驱动电机、电动空调压缩机电机等。这些_____运行时，其机体内部的绕组和高压连接电缆会通过交变电流，交变电流产生电磁场。如果_____和_____不佳或绝缘性能下降，则高压部件外壳可能产生感应电动势，使得高压部件外壳两点之间存在_____，有触电的安全风险。

7.高压组件的_____与_____连接，使所有高压组件可导电外壳连接成一个整体，具有相同的_____，以满足_____的要求。

8.电动汽车下电后，内部电容存有大量的电荷，如果电荷没有得到有效排放，将对_____造成损耗，同时对维修人员存在一定的危险。因此，要利用_____将这部分电能消耗掉。泄放电路的基本形式是_____。

17

学习情境 2　整车控制系统功能测试

9. 比亚迪 E5 绝缘检测模块（漏电传感器）用于检测_____，并进行判断是_____、_____还是_____。对于一般漏电或严重漏电，则通过一般漏电信号线或严重漏电信号线发送给_____，_____根据绝缘信息（一般漏电或严重漏电）采取相应保护措施（报警或立即断开高压系统）。

10. _____能在 5s 内将驱动电容的电压降到 60 V 以内；_____阻值为 75kΩ，动力电池额定电压下的功率为_____W 左右。当只有被动泄放电阻工作时需要 3min 左右才能将驱动电容的电压降到_____以内。

11. 为防止快充接触器烧结后，在充电时或打开充电口盖后可能会造成的触电等危险状况，比亚迪电动汽车具有_____功能。

12. 对于主接触器、电池内部正负极接触器及预充接触器，比亚迪 E5 通过上下电时的逻辑次序来进行烧结检测，检测方法是_____。

二、计划与决策

请根据任务要求，确定所需要的检测仪器、工具，并对小组成员进行合理分工，制订详细的工作计划。

1. 需要的检测仪器、工具。

2. 小组成员分工。

3. 计划。

三、实施

1. 比亚迪 E5 互锁回路认知及测试。

比亚迪 E5 的高压互锁回路主要包括_____、PTC 水加热总成高 / 低压接插件、_____和 BMS 低压插接件 BK45（B）。

（1）互锁回路认知。

注意：进行互锁回路认知时，先下电，以保证操作安全。

1）拔下 PTC 水加热总成高压的插头。

互锁端子要比高压端子_____，保证断开高压插头时，先断开_____；连接高压插头时后连接_____。

测量两个互锁端子之间的电阻约为_____Ω。

2）举升车辆。

3）拔下动力电池高压插头。

互锁端子要比高压端子_____，保证断开高压插头时，先断开_____；连接高压插头时后连接_____。

测量两个互锁端子之间的电阻约为_____Ω。

（2）互锁功能测试。

1）当整车处于下电状态时，拔下 PTC 水加热总成高压插接件或其对应的高压互锁插头。

2）进行上电操作。

3）观察仪表盘；仪表盘显示"请检查动力系统"，并且 OK 灯不亮。

4）用解码仪读取互锁状态。

连接解码仪，选择比亚迪 E5，进入控制单元，选择动力模块；点击电池管理系统，选择读数据流；进入数据流选择界面，点击数据流。读取与高压互锁相关的数据流，并填写表 1。

任务工单 2.4 保护功能测试

表1

名称	状态（互锁断开时）	状态（互锁未断开时）
正极接触器状态		
负极接触器状态		
主接触器状态		
快充正极接触器状态		
快充负极接触器状态		
预充接触器状态		
高压互锁1		
高压互锁2		
高压互锁3		

5）断电后，连接互锁回路，再次上电读取数据流，并填写表1。

2. 防溜车测试。

以比亚迪 E5 为例进行防溜车测试。

（1）准备工作。

1）将车辆开至坡道上。

2）停车，拉起电子驻车制动手柄并将起动按钮置于 OFF 位置。

（2）模拟坡道起步。

1）踩下制动踏板，然后按下起动开关，通过解码仪进入 BMS 和驱动电机模块，并读取数据流，填入表2中。

2）踩下制动踏板，并将变速杆置于 D 位。

3）松开电子驻车制动手柄。

4）逐渐松开制动踏板，不踩加速踏板。

5）车辆向后微微溜车，经过一小段距离后，车辆_____坡道。

6）再次读取数据流，填入表2中。

表2

名称	数据流1	数据流2
油门位置		
刹车深度		
动力电机母线电压		
动力电机转速		
电机扭矩		
电机功率		

（3）车辆为什么会停留在坡道上，而没有溜下坡道？

学习情境 2　整车控制系统功能测试

3. 低速提示音认知与设置。

比亚迪 E5 发动机音模拟器用于模拟＿＿＿＿＿＿行驶时内燃机汽车的声音，发动机音模拟器位于＿＿＿＿＿＿。

（1）设置低速提示音。

低速提示音系统可通过方向盘上的"确定""选择"操作按键控制开启及关闭，车辆重新上电起动时，低速提示音默认＿＿＿＿＿＿。

1）自行将低速提示音设置为关闭并记录设置流程。

2）重启车辆后，低速提示音设置为＿＿＿＿＿＿。

（2）低速提示音测试。

在测试时，将车辆置于一个较为静谧的环境中，缓慢将车辆加速到 40km/h，再减速到 0，最后倒车。记录相关数据并完成表3。

表3

车辆状态	车速	提示音变化或有无
上 OK 电后车辆静止	$v = 0$km/h	
加速	0km/h $< v \leq$ 20km/h	
	20km/h $< v \leq$ 30km/h	
	$v >$ 30km/h	
加速	20km/h $< v \leq$ 30km/h	
	0km/h $< v \leq$ 20km/h	
倒车		

四、检查

1. 检查车辆能否正常上电：＿＿＿＿＿＿＿＿＿＿＿＿＿＿＿＿＿＿＿＿＿＿＿＿＿＿＿＿＿＿＿＿＿。
2. 检查高压互锁各插头是否连接到位：＿＿＿＿＿＿＿＿＿＿＿＿＿＿＿＿＿＿＿＿＿＿＿＿＿。

五、评估

1. 请根据任务完成情况，进行自我评估，并提出改进意见。

（1）＿＿＿

＿＿。

（2）＿＿＿

＿＿。

（3）＿＿＿

＿＿。

2. 填写工单成绩（总分为自我评价、组长评价和教师评价得分值的平均值）。

自我评价	组长评价	教师评价	总分

学习情境 3 整车控制系统故障诊断与修复

任务工单 3.1 输入信号故障诊断与检修

任务名称	输入信号故障诊断与检修	学　　时	4	班　级	
学生姓名		学生学号		任务成绩	
实训设备、工具及仪器	比亚迪 E5 纯电动汽车 4 辆，诊断仪 4 个，万用表 4 个，个人及车间防护用品 4 套	实训场地	理实一体化教室	日　　期	
任务描述	一辆比亚迪 E5 纯电动汽车只能怠速行驶，无法加速（踩加速踏板，汽车无反应），读取 VTOG 数据流，结果发现不管加速踏板开度多大，"油门位置"一直为 0%，没有变化				
任务目的	能够制定整车输入信号故障的诊断流程；能够正确、规范地完成充电指示灯常亮故障诊断作业；能够正确、规范地完成无法加速故障诊断作业				

一、资讯

1. 整车控制的输入参数很多，常见的主要信号有_____信号、加速踏板位置信号、_____信号、_____信号、蓄电池故障信号、安全气囊碰撞信号、真空泵压力传感器信号、制动能量回收增加 / 减少信号等，还包括通过 CAN 总线获取的_____信息、驱动电机信息等。

2. 充电连接确认信号可以用于车辆的充电过程控制，判断车辆是否进入_____模式。比亚迪 E5 的交流充电连接信号（CC）、控制信号（CP）给_____，交流充电连接信号（CC）通过_____传送给_____和 BCM，_____控制进行交流慢充、BCM 控制仪表进行充电指示；直流充电连接信号直接给_____，_____控制进行直流快充，并通过充电 CAN 将直流充电信息传递其他控制单元。

3. 加速踏板位置信号和制动踏板开关用于_____功能。通过这两个信号，整车控制器（VCU）能够获知_____对车辆动力的需求是起步、加速、减速还是滑行、是否急加速、是否进行制动能量回馈或进行紧急制动等。加速踏板信号可以用于车辆驱动控制。整车控制器通过当前_____及加速踏板位置可以计算当前车辆运行的_____需求。

4. 加速踏板位置传感器通常有电位计式和_____两类。比亚迪 E5 车型的加速踏板信号输入电路，为_____信号输入的冗余设计，加速踏板信号进入_____，用于驱动控制。

5. 当车辆静止时，整车控制器接收到制动踏板开关信号后，可与起动开关信号判断是否执行_____操作，也可与挡位信号判断是否执行_____操作。当车辆正常行驶时，整车控制器接收到制动踏板深度信号及制动踏板变化率后，将判断是否进行_____控制。

6. 纯电动汽车挡位信号开关通常有电子旋钮式和_____式两种。比亚迪 E5 挡位信号开关为_____；比亚迪 E5 的挡位信息通过_____总线传递给各控制单元。_____将根据当前挡位进行相应行驶模式切换控制，并将当前_____信息显示在组合仪表。

7. _____可以控制真空泵工作，也可以结合其他车辆状态信息，计算制动能量回收所能提供的制动力，进而对液压制动力和能量回收制动力进行合理分配。比亚迪 E5 真空泵压力信号由真空泵压力传感器传给_____，_____控制真空泵工作。

8. 整车控制器直接或间接（通过 CAN 总线）获得温度信号，主要包括_____温度、驱动电机温度、_____温度、_____温度信号，结合其他车辆状态信息，与电机控制器/BMS等控制单元协同合作，控制_____系统、动力电池冷却系统工作，或者进入_____保护。

二、计划与决策

请根据任务要求，确定所需要的检测仪器、工具，并对小组成员进行合理分工，制订详细的工作计划。

1. 需要的检测仪器、工具。

2. 小组成员分工。

3. 计划。

三、实施

1. 充电连接指示灯亮的诊断与修复。
（1）故障现象。
车辆未进行充电操作，充电口处于关闭状态，但仪表盘显示"充电连接中，请稍候……"。
（2）故障点分析。
根据图 1 进行故障点分析。

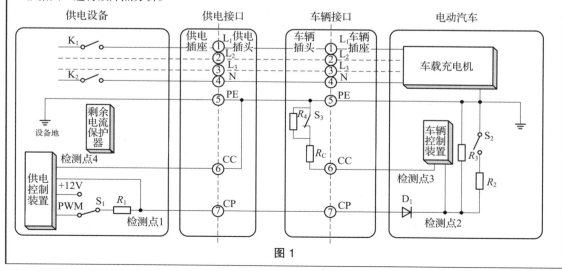

图 1

任务工单 3.1 输入信号故障诊断与检修

（3）制定诊断流程。

（4）排除故障并记录过程。

2. 无法加速故障诊断与修复。
（1）故障现象。
 一辆比亚迪 E5 电动汽车只能怠速行驶，无法加速（踩加速踏板，汽车无反应），同时仪表没有故障提示。
（2）故障点分析。

（3）制定诊断流程

（4）排除故障并记录过程。

四、检查
1. 检查车辆能否正常上电：_____。
2. 检查车辆是否存在故障码：_____。
3. 检查车辆能否正常行驶：_____。

五、评估
1. 请根据任务完成情况，进行自我评估，并提出改进意见。
（1）_____
_____。
（2）_____
_____。
（3）_____
_____。

2. 填写工单成绩（总分为自我评价、组长评价和教师评价得分值的平均值）。

自我评价	组长评价	教师评价	总分

学习情境 3 整车控制系统故障诊断与修复

任务工单 3.2 输出信号故障诊断与检修

任务名称	输出信号故障诊断与检修		学 时	4	班 级	
学生姓名			学生学号		任务成绩	
实训设备、工具及仪器	比亚迪 E5 纯电动汽车 4 辆，诊断仪 4 个，万用表 4 个，个人及车间防护用品 4 套		实训场地	理实一体化教室	日 期	
任务描述	一辆比亚迪 E5 车辆上电时，OK 灯不能点亮，车辆无法行驶，仪表显示"请检查动力系统"					
任务目的	能够制定整车输出信号或执行器故障的诊断流程；正确、规范地完成整车控制系统输出信号或执行器故障的诊断作业					

一、资讯

1. 整车控制器的很多输出信息是通过 CAN 通信进行传输的，如功率分配控制信息。功率分配要综合车辆信息、_____信息和电机信息通过计算进行电机功率分配，进行车辆的_____、制动能量回馈控制、_____等；还有一些输出是直接控制的，如高压系统的_____控制、真空泵控制、_____控制、冷却风扇控制、仪表指示灯等。

2. 比亚迪 E5 高压系统的接触器有位于动力电池内部的_____接触器和_____接触器，高压电控总成内部的_____、_____和直流快充正、负极接触器。这些接触器全由_____控制。当 BMS 接收到上电信号或充电信号后，控制各个接触器闭合，具体顺序：_____先吸合，_____再吸合，_____再吸合，最后主接触器吸合。当 BMS 接收到下电信号后，控制各个接触器断开，具体顺序：_____先断开，_____再断开；最后_____断开。

3. 根据图 1 说明比亚迪 E5 冷却风扇控制原理。

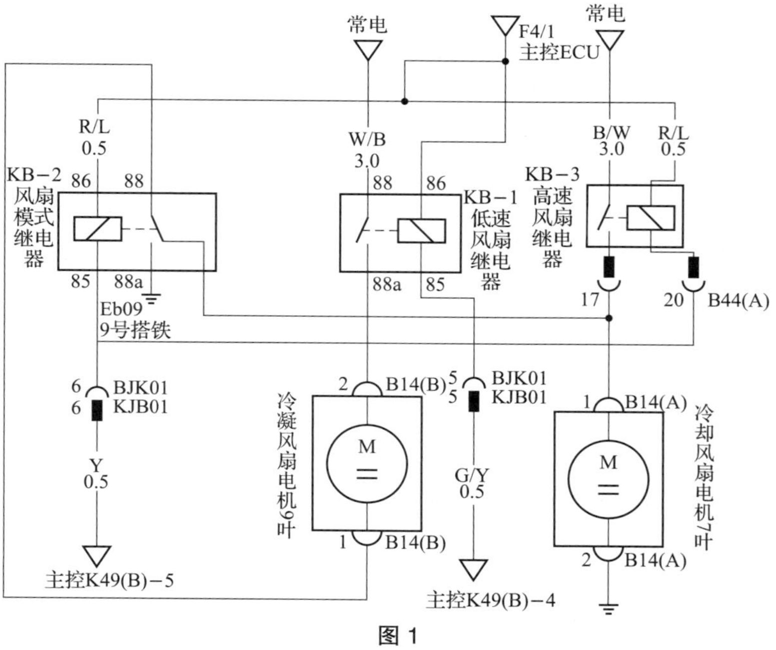

图 1

4. 根据图 2 说明比亚迪 E5 真空泵控制原理。

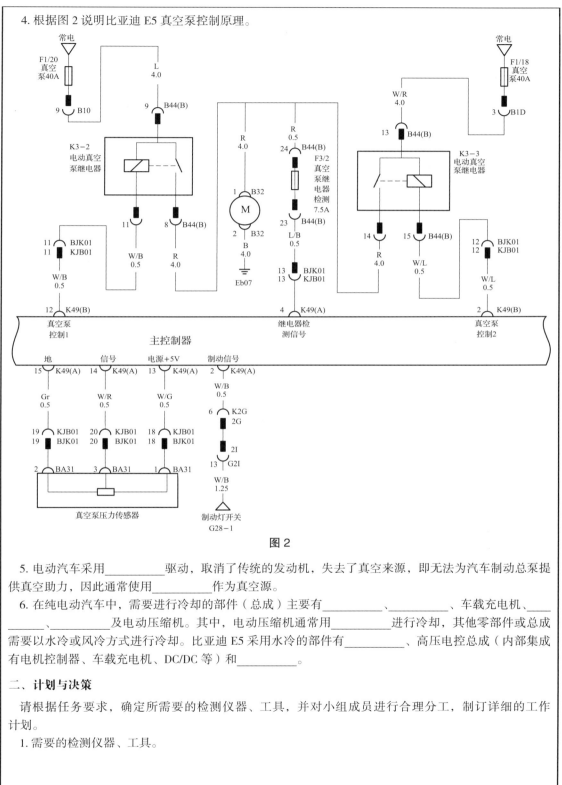

图 2

5. 电动汽车采用_____驱动，取消了传统的发动机，失去了真空来源，即无法为汽车制动总泵提供真空助力，因此通常使用_____作为真空源。

6. 在纯电动汽车中，需要进行冷却的部件（总成）主要有_____、_____、车载充电机、_____、_____及电动压缩机。其中，电动压缩机通常用_____进行冷却，其他零部件或总成需要以水冷或风冷方式进行冷却。比亚迪 E5 采用水冷的部件有_____、高压电控总成（内部集成有电机控制器、车载充电机、DC/DC 等）和_____。

二、计划与决策

请根据任务要求，确定所需要的检测仪器、工具，并对小组成员进行合理分工，制订详细的工作计划。

1. 需要的检测仪器、工具。

学习情境 3　整车控制系统故障诊断与修复

2. 小组成员分工。

3. 计划。

三、实施

（1）故障现象。

一辆比亚迪 E5 车辆上电时，OK 灯不能点亮，车辆无法行驶，仪表显示"请检查动力系统"。

（2）故障点分析。

提示：OK 灯不能点亮，表明高压预充没有成功。

预充过程：起动车辆时，为缓解对高压系统的冲击，电池管理器先吸合_____接触器，电池包的高压电经过预充接触器串联的_____后加载到 VTOG 母线上，VTOG 检测到母线上的电压与_____电压相差在 50V 以内时，通过 CAN 通道向_____反馈一个预充满信号，电池管理器收到预充满信号后控制_____吸合，然后断开预充接触器。

根据比亚迪 E5 的预充过程进行故障点分析。

（3）制定诊断流程。

（4）排除故障并记录过程。

四、检查

1. 检查车辆能否正常上电_____。
2. 检查车辆是否存在故障码_____。
3. 检查车辆能否正常行驶_____。

五、评估

1. 请根据任务完成情况，进行自我评估，并提出改进意见。

（1）_____
_____。
（2）_____
_____。
（3）_____
_____。

2. 填写工单成绩（总分为自我评价、组长评价和教师评价得分值的平均值）。

自我评价	组长评价	教师评价	总分

任务工单 3.3　通信系统故障诊断与检修

任务名称	通信系统故障诊断与检修	学　时	4	班　级	
学生姓名		学生学号		任务成绩	
实训设备、工具及仪器	比亚迪 E5 纯电动汽车 4 辆，诊断仪 4 个，万用表 4 个，个人及车间防护用品 4 套	实训场地	理实一体化教室	日　期	
任务描述	一辆比亚迪 E5 在进行换挡操作时，仪表不显示挡位信并提示"请检查挡位系统"				
任务目的	能够准确测量 CAN 总线终端电阻、等效电阻；能够准确测量 CAN 总线电压及波形；能够对 CAN 总线故障进行诊断并排除				

一、资讯

1. 根据 ISO 规定的 OSI（Open Systems Interconnection，开放式系统间互联）基本参考模型完成表 1。

表 1

ISO/OSI 参考模型		各层定义的主要项目
软件控制	7 层：应用层	由实际应用程序提供可利用的服务
	6 层：表示层	进行数据表现形式的转换，如文字设定、数据压缩、加密等的控制
	5 层：会话层	建立会话式通信，控制数据正确地接收与发送
	4 层：传输层	
	3 层：网络层	进行数据传送的路由选择或中继，如单元间的数据交换、地址管理
硬件控制	2 层：数据链路层	
	1 层：物理层	规定通信时使用的电缆、插接器等的媒体、电气信号规格等，以实现设备间的信号传送，如信号电平、收发器、电缆、插接器等的形态

2. CAN 总线标准只规定了_____、_____和_____，需要用户自定义_____，不同的 CAN 标准仅_____不同。数据链路层分为_____和_____，MAC 是 CAN 协议的核心部分。LLC 涉及_____、_____及恢复管理。MAC 把接收到的报文提供给_____子层，并接收来自_____子层的报文。MAC 子层负责_____、_____、_____、_____和标定。物理层定义信号是如何实际传输的，因此涉及_____、_____、_____等。

3. CAN 经 ISO 标准化后有 ISO 11898 标准和 ISO 11519-2 标准两种。_____是通信速度为 125kbit/s~1Mkbit/s 的 CAN 高速通信标准。_____是通信速度为 125kbit/s 以下的 CAN 低速通信标准。ISO 11898 标准和 ISO 11519-2 标准都采用_____结构，_____可以消除共模干扰。当受到共模干扰时，_____上的电平同时变化，但是_____不变。ISO 11898 标准_____，阻抗为_____Ω，终端电阻为____Ω；ISO 11519-2 标准为_____，阻抗为____Ω，终端电阻为____kΩ。

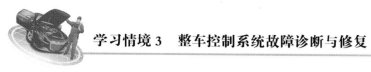

学习情境 3　整车控制系统故障诊断与修复

4. CAN 收发器根据两根总线（CAN_High 和 CAN_Low）的电位差来判断总线电平。总线电平分为_____和_____两种，总线必须处于两种电平之一。_____用逻辑值"0"表示，_____用逻辑值"1"表示。当在总线上同时发送显性电平和隐性电平时，其结果是总线数值为_____（"0"和"1"叠加的结果为"0"），显性能覆盖隐性，即_____机制。

5. CAN 总线的报文传输由_____、_____、_____、_____和_____五个不同的帧类型表示和控制。数据帧和远程帧有两种不同的帧格式，不同之处为：具有 11 位识别符的帧称为_____；具有 29 位标识符的帧称为_____。

6. 数据帧用于将数据从发送器传输到接收器，由 7 个不同的位段组成（也有用"场""域"代替"段"的）：_____、_____、_____、_____、_____、_____和_____。简单画出一个标准数据帧，并标出各段的长度。

7. CAN 总线各单元始终处于 3 种状态之一：_____、_____和_____。

8. 比亚迪 E5 的整车网络分为_____、_____、_____和_____。虽然各子网速度有所不同，但是均采用 ISO 11898 协议。_____的传输速率为 125kbit/s，其终端电阻分别在_____和无钥匙起动模块（I-Key）中。_____的传输速率为 125kbit/s，其终端电阻分别在_____和 RCM 中。_____的传输速率为 250kbit/s，其终端电阻分别在网关和 BMS 中。_____的传输速率为 500kbit/s，其终端电阻分别在网关和_____中。

二、计划与决策

请根据任务要求，确定所需要的检测仪器、工具，并对小组成员进行合理分工，制订详细的工作计划。

1. 需要的检测仪器、工具。

2. 小组成员分工。

3. 计划。

三、实施

1. 测量 CAN 终端电阻及电压。

（1）测量 CAN 网络终端电阻。

拔下网关控制器插头，测量插头端/网关控制器端 CAN 总线电阻时，测得的为单个终端电阻的阻值；不拔网关控制器插头，通过扎针测量 CAN 总线电阻时，测得的为等效电阻。

1）测量终端电阻并记录。

2）测量等效电阻并记录。

3）完成表 2。

表 2

所属网络	测量条件	拔下插头		不拔插头
	测量点	插头端 1、2 端子	网关控制器端 1、2 端子	1、2 端子
	标准值	120Ω	120Ω	60Ω
	测量值			
	测量点	插头端 7、8 端子	网关控制器端 7、8 端子	7、8 端子
	标准值	120Ω	120Ω	60Ω
	测量值			
	测量点	插头端 9、10 端子	网关控制器端 9、10 端子	9、10 端子
	标准值	120Ω	120Ω	60Ω
	测量值			

（2）CAN 总线电压的测量

1）断开蓄电池负极；

2）在网关控制器插头上插入扎针；

3）连接蓄电池负极并上电；

4）测量各网络 CANH 或 CANL 与车身地的电压并记录；

5）完成下表；

端子号（符号）	端子描述	规定状态	测量值
G19-1- 车身搭铁		2.5~3.5 V	
G19-2- 车身搭铁		1.5~2.5 V	
G19-7- 车身搭铁	B-CAN_H	2.5~3.5 V	
G19-8- 车身搭铁	B-CAN_L	1.5~2.5 V	
G19-9- 车身搭铁		2.5~3.5 V	
G19-10- 车身搭铁		1.5~2.5 V	
G19-11- 车身搭铁	屏蔽线	小于 1V	

2. 案例分析

（1）故障现象。

一辆比亚迪 E5 纯电动汽车上电后，仪表显示"请检查档位系统"；进行换挡操作时，仪表不显示相应挡位。

（2）根据挡位传感器电路（图1）分析故障原因

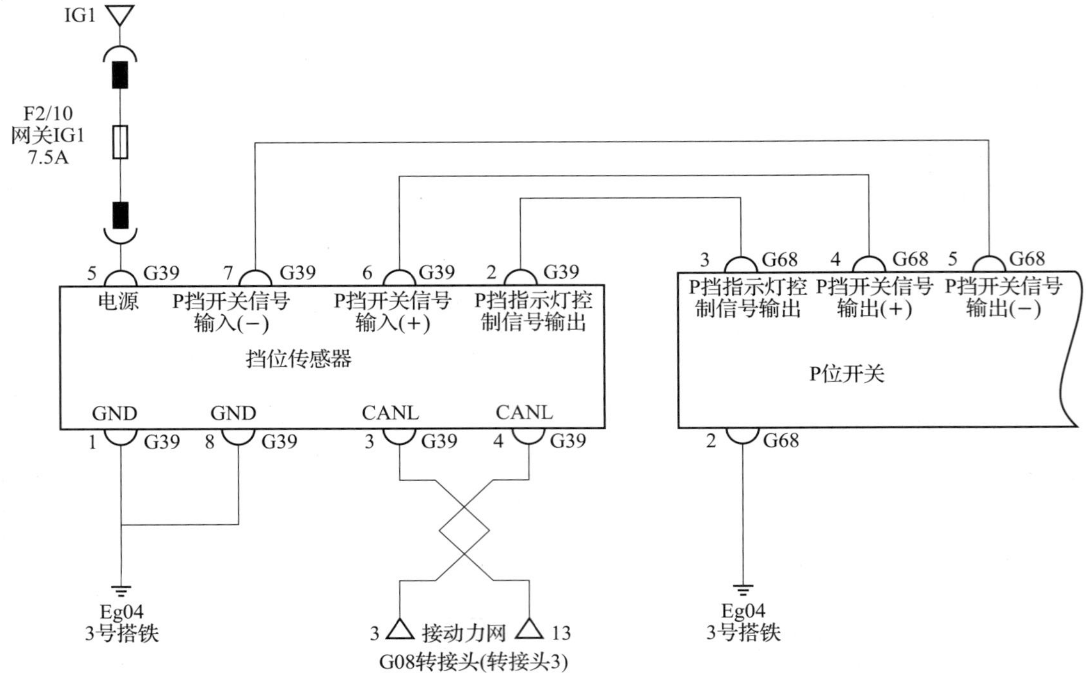

图1

四、检查

1. 检查车辆能否正常上电：_____。
2. 检查车辆是否存在故障码：_____。
3. 检查车辆能否正常行驶：_____。

五、评估

1. 请根据任务完成情况，进行自我评估，并提出改进意见。

（1）_____

_____。

（2）_____

_____。

（3）_____

_____。

2. 填写工单成绩（总分为自我评价、组长评价和教师评价得分值的平均值）。

自我评价	组长评价	教师评价	总分